中國學術思想 研究輯刊

十 編

林 慶 彰 主編

第40冊

先秦儒道二家養生思想

謝 慧 芬 著

花木蘭文化出版社

國家圖書館出版品預行編目資料

先秦儒道二家養生思想／謝慧芬 著 — 初版 — 台北縣永和市：
花木蘭文化出版社，2010〔民99〕
目 2+142 面；19×26 公分
（中國學術思想研究輯刊 十編：第 40 冊）
ISBN：978-986-254-363-4（精裝）
1. 先秦哲學 2. 儒家 3. 道家 4. 養生
121.2   99016470

ISBN - 978-986-2543-63-4

9 789862 543634

中國學術思想研究輯刊
十 編 第四十冊   ISBN：978-986-254-363-4

先秦儒道二家養生思想

作　　者	謝慧芬
主　　編	林慶彰
總 編 輯	杜潔祥
出　　版	花木蘭文化出版社
發 行 所	花木蘭文化出版社
發 行 人	高小娟
聯絡地址	台北縣永和市中正路五九五號七樓之三
	電話：02-2923-1455／傳真：02-2923-1452
網　　址	http://www.huamulan.tw 信箱 sut81518@ms59.hinet.net
印　　刷	普羅文化出版廣告事業
封面設計	劉開工作室
初　　版	2010 年 9 月
定　　價	十編 40 冊（精裝）新台幣 62,000 元

先秦儒道二家養生思想

謝慧芬　著

作者簡介

謝慧芬，畢業於國立中山大學中文系研究所碩士班，以先秦諸子的學術思想研究為個人專長，學術興趣亦涉及佛學思想與宋明理學的研習，在思想類科的表現頗具天份。復戮力於教學工作，曾任職於文藻外語學院、正修科技大學與大仁科技大學等校，講授先秦諸子、四書選讀、中國文學簡述、易經與人生、大一國文及實用中文等課程，畢將專業成就傾全力以化育學子，並祈能內化為個人及學子們的生命涵養。

提　　要

　　儒家思想是中國文化的主流，它肯定現實人生的努力，更為了實現人生價值與社會抱負而重視生命，故其養生思想如《尚書》的〈無逸〉篇、《易經》的〈頤卦〉等，對中國古代養生學都產生了不可忽略的影響。又者孔子直接從人的性情立教，在衣食住行方面注重養生；孟子對道德身心、氣與道的關係，有獨特的解說，對後世蔚為一大影響；荀子則主張治氣養心「莫經由禮」。而先秦以老子、莊子為中心的學派，以自然天道觀為主要的學說內容，其注意力更多地著眼於人的本身，對自我的生命活動也具有更豐富的體驗。因此與儒家相比，道家學說與養生思想的連繫，就更直接、更具體、也更深入，包含更豐富的養生內容。道家追求的是生命本質的解脫與精神安寧，尤其強調精神的超然與人格的獨立，其氣化的身體觀實為一大特色。儒家將養生思想與品德涵養結合，突顯其著重倫理教育的思想特點；道家將養生思想與精神、生命解脫結合，突顯其精神脫俗、逍遙人世的出世追求，兩派著眼之處不同，卻都饒富趣味、足以發人深思。

目

次

壹、前　言

　　先秦典籍每言「修身」、「治身」、「省身」、「養身」，其「養生」一詞並非僅限於外表形貌、四肢軀體；修養的工夫亦並非止於生理上的保全滋養。曾子所謂「吾日三省吾身」，乃將身體視爲自我的載體，而將之置於社會倫常的關係中與文化傳習的脈絡裡，加以檢省。而孟子在愛養身體的脈絡下，也提出「大體」、「小體」的分別，強調心性修爲的重要，一方面兼攝有形的軀體感官與無形的心意氣志，一方面又延至人文化成的範圍。

　　儒家思想是中國文化的主流，它肯定現實人生，從而積極治理人生，他們重視生命，是爲了去實現他們所主張的人生價值與社會抱負。養生思想雖非儒家思想之主流，但是先秦儒家思想中隱含的養生觀念，對於中國古代養生學產生不可忽略的影響。如《尙書》的〈無逸〉篇、《易經》的頤卦、《詩經》、《春秋》等儒家經典中，皆有涉及養生的內容。《論語‧鄉黨》篇中記載孔子在衣食住行方面注重養生的事跡，孟荀思想中養生觀念則將養生賦予道德倫理與精神情志之調養。

　　孔子以前有關氣與身體的觀念，在孔子思想中並無特別的發展，孔子直接從人的性情立教，到戰國對於道德身心，氣與道的關係，有獨特解說的是孟子學派，孟子學說中，又以「踐形」理論最爲根本。而所謂「踐形」，意指人經過一番努力後可以充分體現人的身體。據孟子理論，有德者之所以有德，並非徒守條文規範的道德而已，德將在人的身上顯現出來。在人身上顯現最重要的一種徵兆，此種徵兆必具有道德的光輝，孟子稱此光輝現象爲「生色」。當君生色時，「睟然現於面，盎於背，施於四體，四體不言而喻。」（〈盡心上〉）

　　然而人的身體如何變成人精神的場所？孟子認為人的身體由氣組成，氣充滿了人的身體〔註1〕，人身體的氣就如軀體一樣順隨生物法則運作，氣與人之心、志同在，志一動，氣也就跟著流行〔註2〕。而人的本心是善的，為天命所賦予。同樣，人的氣也是善的，孟子稱之為「夜氣」（〈告子〉）或「平旦之氣」（〈告子〉），因此當良知──良氣開始流行，並轉化內在的體氣之後，人的身體之存在向度亦隨之改變，改變至極，即是踐形之完成。又孟子著名的養氣論中，孟子提到善養「浩然之氣」（〈公孫丑上〉），最後可以「充塞於天地之間」（〈公孫丑上〉），又言「上下與天地同流」（〈盡心上〉），此為踐形理論之另一面相，即言踐形之極至，也就是「盡心知性」〔註3〕存心養性的完成。

　　荀子思想中並無超越之氣的因素，他的養生理論，乃在於「治氣養心」之術。他主張

　　　　血氣剛強，則柔之以調和；知慮漸深，則一之以易良，勇膽猛戾，

　　　　則輔之以道順；齊洽便利，則節之以動止……凡治氣養生之術，莫

　　　　經由禮，莫要得師，莫神一好。（〈修身〉）

荀子認為治氣養心，「莫經由禮」，此處言「禮」，包含禮、樂二者，他說：「凡姦聲感人，則逆氣應焉。正聲感人，則順氣應焉……」（〈樂論〉），荀子重禮樂修身，乃是連人的體氣皆可跟隨轉化，當體氣轉化，其人的形貌亦隨之轉化。因此他說：「誠心守仁則形，形則神，神則能化」（〈不苟〉）「君子之學以美其身」（〈勸學〉）〔註4〕。

　　而先秦老子、莊子為中心的學派，漢代時稱為"道家"，道家學說的內容，以自然天道觀為主。作為生物學意義上的自然的人，既是自然天道觀形成的現實根據之一，又是其運用與發展的主體對象。這就決定了道家的注意力更多地著眼於人的本身，對自我的生命活動也具有更為豐富的體驗。因此，與儒家相比，道家學說與養生的連繫就更直接、更具體、也更深入，而包含更為豐富的養生內容。

　　老子將人與道、天、地並列，認為是"域中四大"之一，充分體現對於

<hr>

〔註1〕　孟子〈公孫丑上〉：「氣體之充也。」《四書集注》世界書局，頁38。

〔註2〕　孟子〈公孫丑上〉：「夫志，氣之帥也。」「夫志，至焉，氣次焉。」《四書集注》世界書局，頁38。

〔註3〕　孟子〈盡心上〉：「盡其心，知其性。」《四書集注》世界書局，頁187。

〔註4〕　參考『中國古代思想中的氣論及身體觀』楊儒賓主編，巨流83.03一印一版，頁21～27。

人的重視。莊子雖有"齊生死"的主張，也並不意味著輕生賤體。但是，與
儒家重視人的社會價值相比，道家對人的重視，卻是把生命本身的價值置於
首位，道家追求生命本質的解脫與精神的安寧，尤其強調精神的超然與人格
的獨立〔註5〕。

　　以老、莊爲主的道家，其氣化的身體觀乃爲一大特色，老子明確提出「負
陰抱陽，沖氣以爲和。」（〈42 章〉）由陰陽氣化界定身體觀，由此觀念出發，
就死生而論，道家認爲死生乃氣之聚散的轉變。氣聚散固然有所不同，但其
差異主要是在外觀上聚散形貌的差別而已。死生之變化一如世間其他事物之
變化，形貌有異，但二者並無質上區別。道家藉由「虛」、「無」、「送」、「還」
的方法，藉由著一種與人自然的生理、心理活動相反的途徑，將人的存在帶
回到深層的無限上去。道家特別強調遮撥的工夫，「心使氣曰強」（〈55 章〉）
「致虛極、守靜篤」（〈16 章〉）；莊子言「墮肢體、黜聰明、離形去知，同於
大通。」（〈大宗師〉）皆強調將主觀意識強烈之自我化掉，才能進入一無分別、
渾然同流之境界〔註6〕。

〔註5〕參廖果『自養之道』——中國古代個體差異養生學說，頁 189，明文，民國
　　　　82.09 初版。
〔註6〕同註4，頁 21～22。

貳、孔子的養生思想

一、事人知生

《論語‧先進》有一段子路問孔子有關生死之事：

> 季路問事鬼神。子曰：「未能事人，焉能事鬼？」曰：「敢問死。」
> 曰：「未知生，焉知死？」〔註7〕

這段話記載孔子對生、死的看法，程子解釋此言，曰：

> 晝夜者，生死之道也，知生之道，則知死之道，盡事人之道，則盡
> 事鬼之道。死生人鬼一而二，二而一者也。或言夫子不告子路，不
> 知此乃深告之也〔註8〕。

所謂「知生之道，則知死之道」，意指道德境界的生命，必窮盡一生始能達到
的理想，「生」是如此的兢兢業業、任重而道遠，何暇有心顧及「死」呢？李
澤厚曰：

> 未知生，焉知死，……講的既是死的自覺，更是生的自覺，因為『生』
> 是有價值、有意義的，對於死亡就可以無所謂，甚至不屑一顧。……
> 如果生有意義和價值，就讓個體生命自然終結而無需恐懼哀傷，這
> 就是儒家哲人所追求的生死理想〔註9〕。

《論語》又曰：

> 樊遲問知。子曰：「務民之義，敬鬼神而遠之，可謂知也。」（〈雍也〉）

〔註7〕朱子《四書集注》下論，卷六，世界書局，民國79年8月，31版，頁71。
〔註8〕同註7。
〔註9〕李澤厚，《華夏美學》，香港：三聯書局，1988年10月，頁49。

「務民之義」是君子迫切去做的事，即孔子所言的「知生」、「事人」，至於「鬼神」與「死」並非生命的重心。在有限的生命中，去建立生命的存在價值，而死只是價值的完成。馮友蘭曰：

> 在道德境界中底人，作事所以盡倫盡職。他竭力之所能以作其所應作底事。他一日未死，則一日有他所應作底事。這是他的任務。他一旦既死，則他的任務即時終了。……。盡倫盡職底人，都是「鞠躬盡瘁，死而後已」。死而後已，亦即是死了即已。所以對於在道德境界中底人，死是盡倫盡職的結束。《禮記》〈檀弓〉記子張將死之言，說：「君子曰終，小人曰死」。……。對於小人，死是其個人身體的不存在，所以死對於他是死。對於君子，死是其在社會中底任務的終了，所以死對他是終。終即是結束之義〔註10〕。

> 在道德境界中底人，不注意死後，只注意生前。只注意於，使其一生行事，皆充分表現道德價值，使其一生，如一完全底藝術品，自始至終，全幅無一敗筆〔註11〕。

> 照在道德境界中人底看法，一個人於未死之前，總有他所應作的事。這些事，他如不用心注意去作，都有作錯的可能。所以在未死之前，無論於何時何地，他都應該兢兢業業，去作他所應該作底事。直到死，方可休息〔註12〕。

曾子曰：

> 士不可以不弘毅，任重而道遠。仁以為己任，不亦重乎？死而後已，不亦遠乎？（《論語‧泰伯》）

孔子認為「生」即是「仁以為己任」，而「死」僅是責任結束，儒家重視如何在此有限生命中建立生命價值，他們重視「生」而非「死」，而這個「生」是道德的永存、精神的不朽，非指現實存在的肉體生命的長生，而是生命存在的價值。

先秦儒家重視現實生命，目的不在久視長生，但並非全然忽視對於身體的保養，因為生命是實現理想的前提，《論語》中記載曾子終身盡孝，對於自身軀體的珍惜與重視：

〔註10〕見馮友蘭，《三松堂全集》，第四卷，河南人民出版社，1986年8月，頁684。
〔註11〕同註10，頁690。
〔註12〕見馮友蘭，《三松堂全集》，第四卷，河南人民出版社，1986年8月，頁690。

> 曾子有疾，召門弟子曰：「啓予足！啓予手！詩云『戰戰兢兢，如臨
> 深淵，如履薄冰，』而今而後，吾知免夫？小子！」（〈泰伯〉）

曾子一生恪盡孝道，以為身體受之於父母，不敢毀傷以全孝道。基於此觀念，《禮記・儒行》中記載孔子主張「養其身」的目的，孔子說：「愛其死以有待也，養其身以有為也。其備豫有如此者」。「以有為也」是以強健的身心，去實現應盡之倫，為當為之事，與實踐「仁為己任」的重責。

《論語》中記載許多日常生活的保健方法，尤其在〈鄉黨〉篇可見孔子在衣食住行方面，十分注意養生。

二、健康人生（自然生命）

《論語・述而》篇記載：「子之所慎：齊、戰、疾」。孔子平常慎重對待的有三件事，即齋戒、戰爭、疾病。疾病是吾人生死之所關，因此必須謹慎。

據《論語・鄉黨》篇記載，孔子注重養生，在飲食衛生方面有十不吃：

> 食不厭精，膾不厭油。食饐而餲，魚餒而肉敗，不食。色惡，不食。
> 臭惡，不食。失飪，不食。不時，不食。割不正，不食。不得其醬，
> 不食。肉雖多，不使勝食氣。惟酒無量，不及亂。沽酒市脯不食。
> 不撤薑食，不多食。祭於公，不宿肉。祭肉不出三日，出三日，不
> 食之矣。食不語，寢不言。雖蔬食菜羹瓜祭，必齊如也。

孔子在飲食上主張「食無求飽」，不因飯米精而多吃，也不因膾得油便多食肉，對於霉爛的糧食、腐敗的魚肉、變質不新鮮的食物，一律不吃，乃至於烹調失當的食物也不吃，並且按時進食。明人張岱《老饕集序》〔註13〕說：

> 中古之世，知味惟孔子「食不厭精，膾不厭油」，「精油」二字，已
> 得飲食之微，至熟食則概之「失飪不食」，蔬食則概之「不時不食」。
> 四言者，食經也，亦即養生論也〔註14〕。

孔子「不得其醬，不食」。說明孔子很注重食物的調味，謝良佐闡釋說：

> 聖人飲食如此，非極口腹之欲，蓋養氣體，不以傷生，當如此〔註15〕。

孔子又說：「肉雖多，不使勝食氣」。錢穆先生《論語新解》中言：

> 食肉多於飯氣，則傷人。古食禮，牛羊魚豕腸胃之肉皆盛於俎，醯

〔註13〕見《琅環文集》，明・張岱撰，雲告點校，長沙：岳麓書社，1985年，第一版。
〔註14〕參見《琅環文集》，明・張岱，雲告點校，長沙：岳麓書社，1985年，第一版。
〔註15〕朱子《四書集注》上論，卷五，世界書局，民國79年8月，31版，頁66。

> 醢之醬調味者盛於豆，正饌之外又設加饌，肉品特多，黍稷稻粱則
> 設於簋，進食不宜偏勝也〔註16〕。

吃肉的份量多過五穀，則傷人，這是從人體生理的養護上說的。孔子並不反對飲酒，以不醉為限。但孔子說：「沽酒市脯不食」，只釀製一夜的酒，尚未成酒，所以不飲，市場上賣的肉乾不知道是什麼肉做的，也不食。唯恐食物不潔或傷人，可見得孔子對飲食慎重的態度。

有一次，季康子送藥來問候孔子，孔子告訴使者說：「丘未達，不敢嘗」，孔子不明藥性，不敢輕易嘗試，其態度同於「沽酒市脯不食」〔註17〕，也說明孔子不隨便服藥物。

其次，孔子〈鄉黨〉篇提倡「食不語，寢不言」，朱熹《四書集注》闡釋說：「肺為氣主而聲出焉，寢食則氣窒不通，語言恐傷之也」〔註18〕。這也是從人體生理角度來闡述的。雖在飲食起居之間，孔子也謹慎細緻地養護身體。

在日常起居之間，孔子提出「寢不尸、居不容」（〈鄉黨〉篇），主張側臥而眠，不舒展四肢、像死屍一樣，唯恐惰慢之氣過於放肆，而不知警惕。平常居家時不要像作客那樣拘束，神態愉悅、容貌舒坦，如同弟子形容孔子那般：「子之燕居，申申如也，夭夭如也」（〈述而〉篇）。

在衣著方面，孔子也十分講究。「當暑，袗絺綌浴，必表而出之」（〈鄉黨〉篇）。即夏天炎熱季節，在家穿葛布單衣，但出門必加上衣，雖暑亦然。睡時「必有寢衣，長一身有半」（〈鄉黨〉篇），外出加衣，睡衣長、下及兩膝，皆恐遭寒氣傷身，有危身體健康。

三、論血氣

孔子曾告誡弟子，指出「君子有三戒」：

> 君子有三戒，少之時，血氣未定，戒之在色；及其壯也，血氣方剛，
> 戒之在鬥；及其老也，血氣既衰，戒之在得。（〈季氏〉）。

孔子針對三種不同的年齡，容易發生偏差行為而提出三「戒」的勸告，其血氣是維持人體生命活動的生理之氣，有「未定」、「方剛」、「既衰」等不同的徵候，將導致不同的性情及行為傾向，因此提醒血氣未定的少年，應避免衝

〔註16〕見錢穆，《論語新解》上，三民書局，民國67年10月，第四版，頁345。
〔註17〕同註14，頁65。
〔註18〕見朱熹《四書集注》上論，卷五，頁66。

動、放縱精力於女色。《韓詩外傳》中也說載類似的觀點：

> 不肖者精化始具，而生氣感動，觸情縱欲，反施化，是以年壽極天而性不長也〔註19〕。

孔子言「君子三戒」顯示孔子對人體的氣、血有深刻的理解。在面對人生的三個區段年齡所傾向的好色、好鬥、貪得三種性情，必須要收斂和約束。少年避免縱情好色；壯年血氣旺盛，應避免動氣鬥狠；老年血氣已衰，應體認生命由始至終的必然趨勢，而能淡然於物外與得失，否則傷身勞神、不利養生。

孔子以「血氣」並舉，顯示孔子對氣與血相生之特性有相當的瞭解，換言之，孔子已經注意到人們應如何保養「血氣」的養生問題。

四、仁者壽

孔子形容有德之仁者的形象說：

> 知者樂水，仁者樂山；知者動，仁者靜；知者樂，仁者壽。（《論語·雍也》）

朱子注曰：

> 樂，喜好也；知者，達於事理而周流無滯，有似於水，故樂水；仁者，安於義理而厚重不遷，有似於山，故樂山。動靜以體言，樂壽以孝言也。動而不括故樂靜而有常故壽〔註20〕。

程子說：

> 非體仁知之深者，不能如此形容之〔註21〕。

孔子說「仁者」的特徵是喜「靜」的，就內在言，仁者之心，安於義理，不為世俗的事物所攪動、蒙蔽與誘惑，心靈常保清明、心體昭靈不昧。《老子》以「致虛極、守靜篤」，言修道者「明心」之工夫〔註22〕，荀子論修心云：「虛一而靜謂之大清明」（〈解蔽〉篇）皆言「靜」，就外在效用而言，仁者心靜，不滔蕩追逐於外物，所以得長壽。

孔子言「仁者壽」，以山為譬喻，以靜為特徵。雖然僅寥寥數語帶過，但其蘊涵的深義，在老、莊、孟、荀思想中皆有發揮，仁者，是有德之人，因

〔註19〕見《韓詩外傳》卷十，台灣商務，1979年，頁7。
〔註20〕見朱熹《四書集注》，世界書局，民國79年8月31版，頁38。
〔註21〕同註19，頁38。
〔註22〕參見王淮《老子探義》，臺灣商務印書館，民國79年12月九版，頁67。

此有德者，必也長壽，〈中庸〉云：「故大德……必得其壽」。有道德修養的人，能得長壽。《詩經・大雅・文王》說：「聿修厥德，永言配命」即此意。孔子將壽與仁、德相結合，「仁者壽」、「德者壽」是先秦儒家養生思想中最典型的體現，其後孟子將養生道德化，進一步闡述道德修養、精神情志之調養與養生之間的關係。

參、孟子的養生思想

　　孟子「知言養氣」章，對於肯定氣之德行意義而言，是一重要文獻。孟子自稱其善養「浩然之氣」〔註23〕，弟子公孫丑請示「浩然之氣」之具體內容，孟子表示曰：「難言」〔註24〕，但依孟子描述其「浩然之氣」為「至大至剛」〔註25〕、「塞於天地之間」〔註26〕，而所謂「集義所生」〔註27〕、「配義與道」〔註28〕，都是落在「心」上說，此「浩然之氣」是一種道德精神，須通過「善養」〔註29〕來擴充，使之「至大至剛」。

　　孟子對氣的認知是「志，氣之帥也」〔註30〕、「志至焉、氣次焉」〔註31〕，乃對於「浩然之氣」的養成，側重於「心」的工夫實踐而得，孟子認為心與氣的關係，猶如帥與卒，心能擴充則「氣」能養成，「氣」的養成，隨同「心」之合於義或行有不慊於心同消長。孟子所說的「浩然之氣」是由「心」的道德發用擴充而來，所養之「氣」並非在言人體中所運行之氣。此「氣」不同於荀子所言之氣純然屬於形而下之氣，孟子言氣儼然已超越成為形而上道德精神層面。因此，孟子所言之「氣」並非全然反映人身軀體之陰陽二氣，亦

〔註23〕見《孟子‧公孫丑‧上》篇。《四書集注》上孟卷二，頁38，世界書局，民國78年8月31版。
〔註24〕同註23。
〔註25〕同註23。
〔註26〕同註23。
〔註27〕同註23。
〔註28〕同註23。
〔註29〕同註23。
〔註30〕同註23。
〔註31〕同註23。

非言自然界之天地之氣，而主張「配義與道」、「集義所生」的道德之氣，乃可經由擴充四端之心的工夫實際獲得。《荀子・王制篇》曰：

> 水火有氣而無生，草木有生而無知，禽獸有知而無義，人有氣、有生、有知、亦且有義，故最爲天下貴。

〈王制篇〉中荀子所以言「義」不言「心」，殆由其不同於孟子，即仁義之心，以言道之所在〔註32〕。

　　就養生觀點而言，孟子視人體形構的「耳目之官」，乃是根於外之物。孟子說：「耳目之官不思，而蔽於物，物交物，則引之而已矣」（〈告子〉），一旦「心之官」放失或蒙蔽，則「耳目之官」與外在事物的召感，人便失去了異於禽獸之尊貴處〔註33〕。孟子以人與獸所異之「心」，亦是人心之所同然處，爲孟子心學擴充工夫的肇始。

　　儒家學說是中國傳統文化的主流，他們肯定現實人生，從而治理人生必積極實現其所主張之人生價值，與社會抱負。儒家的養生思想是其基本學說之折射，他們重視現實生命〔註34〕，並非爲活命而生存。但是，生命是實現理想的前提，所以人的生命是值得重視的。孔子說：

> 愛其死以有待也，養其身以有爲也，其備豫有如此者。（《禮記・儒行》）

養生以準備在現實社會中有所作爲，即是儒家養生思想的根本出發點〔註35〕。

一、孟子之不動心與養氣

　　孟子善於養氣，他說：「吾善養浩然之氣」（〈公孫丑上〉）。而此「浩然之氣」作爲氣，藏於體內，無限廣大、最爲剛健。若能善養此氣，則能充塞於天地之間。此「浩然之氣」是藏於人心之正氣，乃是一種道德精神，即不同於自然界之天地之氣，亦異於人體之陰陽之氣，「氣」是孟子心學的本體，他強調心、志、氣三者之間相輔相成的關係，也具體描述道德、情志與人之氣、體的關係。朱子作《孟子序說》中曰：

〔註32〕參見唐君毅《中國哲學原論・原道篇》，台北學生書局，1986年1卷，第十三章，頁445。

〔註33〕《孟子・離婁・下》：「人之所以異於禽獸者幾希」。《四書集注》中孟，卷四，頁115。

〔註34〕《論語・先進》：「子曰『未知生焉知死』」。《四書集注》下論，卷六，頁71。

〔註35〕參考廖果《自養之道》明文書局，民國82.9初版，頁173。

程子又曰：『孟子有功於聖門，不可勝言。仲尼只說一箇仁字，孟子開口便說仁義；仲尼只說一箇志，孟子便說出許多養氣出來，只此二字其功甚多』。又曰：『孟子有大功於世，以其言性善也』。又曰：『孟子性善養氣之論，皆前聖所未發』〔註36〕。

清王夫之亦言：「孟子吃緊工夫在氣上」；「氣是個不恐怕的本領」〔註37〕，都說明孟子思想中，「氣」具有重要地位。

孟子對於心與氣的探討，重點放在〈公孫丑上〉篇。《孟子》書〈公孫丑上〉篇載有：「公孫丑問曰；『夫子加齊之卿相，得行道焉。」一章，其根本內容即為孟子論述自己善於「知言、養氣」之旨。一般稱之為「知言、養氣」章。本文僅就「養氣」方面作申述；至於其「知言」一層，則從略。

（一）不動心的三種類型

〈公孫丑・上〉篇曰：

公孫丑問曰：『夫子加齊之卿相，得行道焉，雖由此王，霸不異矣。如此，則動心否乎？』

孟子曰：『否，我四十不動心』。

曰：『若是，則夫子過孟賁遠矣』。

曰：『是不難。告子先我不動心』。

曰：『不動心有道乎？』

曰：『有。北宮黝之養勇也；不膚撓、不目逃，思一毫挫人，若撻之於市、朝；不受於褐寬博，亦不受於萬乘之君；視刺萬乘之君，若刺褐夫；無嚴諸侯，惡聲至必反之。孟施舍之養勇也，曰：『視不勝，猶勝也；量敵而後進，慮勝而後會，是畏三軍者也；舍豈能為必勝哉？能無懼而已矣！』孟施舍似曾子，北宮黝似子夏。夫二子之勇，未知孰賢；然而孟施舍守約也。昔者，曾子謂子襄曰：『子好勇乎？吾嘗聞大勇於夫子矣；自反而不縮，雖褐寬博，吾不惴焉？自反而縮，雖千萬人吾往矣』。孟施舍之守氣，又不如曾子之守約也』」。

以上所錄僅為〈公孫丑〉章養氣的部分，孟子在與公孫丑的問答中，指出北宮黝與孟施舍的養勇，曾子之大勇、告子之不動心以及孟子自己的不動心等，皆從公孫丑問「不動心有道乎？」句而來。孟子循公孫丑之問，提到北宮黝

〔註36〕見朱子《四書集注》。〈孟子序說〉，頁1。
〔註37〕見王夫之《讀四書大全說》卷八。

與孟施舍的養勇，這表示不動心與勇氣有關。

1. 守　氣

孟子依「不動心」來引論其思想，先提出「不動心」的觀念，再依「不動心」的修養方式依序討論。而北宮黝之養勇，孟子以「不膚撓，不目逃……」一段來說明。朱子解釋為「言無可畏懼之諸侯也。黝蓋刺客之流，以必勝為主，而不動心者也」〔註 38〕。孟子說北宮黝的不動心，在於無視於外在對象的不動心，無論面對多麼巨大的艱困大任，其心始終能堅守信念，徹底實踐，此北宮黝之「守氣」，是一般典型的血氣之勇，其勇以必勝之心，是依外在的標準，強求生理血氣的依附符合，守的是生理血氣之「氣」，頗同於中國武術的功夫之氣。

至於孟施舍的養勇，孟子以「視不勝，猶勝也……」說明。朱子解釋說：

> 舍自言其戰，雖不勝亦無懼；若量敵慮勝而後進戰，則是無勇而畏
> 三軍矣。舍，蓋力戰之士，以無懼為主，而不動心也〔註 39〕。

依孟子所言，孟施舍以無懼為主而不動心，以無懼之心代替依據外在標準之必勝之心，能向內自持無懼之心，其勇氣已超越於勝負之外。孟子稱孟施舍的「無懼」是「守氣」，而無論是北宮黝無視於任何外在對象的不動心，或孟施舍堅決不為任何對象動搖、所超持超越勝負之外的無懼之心，不論偏於外用的、或偏於內的〔註40〕，根本上畢竟都只取決於他們的「守氣」，都從生理血氣之力的「氣」上講，唐君毅先生說：

> 知不必勝，而能自勝其畏懼之情者，則是無勝人之氣可恃，而能自
> 斂其氣，以自補其氣之虛歉，更不有虛歉之感者也，此乃自充其氣
> 之虛，使之實，故尤難於自恃其氣之足以勝人者，原有實足懼者也。
> 然此孟施舍之工夫，仍只是直在氣上用之自制工夫，而未能本義以
> 養氣〔註41〕。

孟施舍之「守氣」，較北宮黝之「守氣」略勝一籌，但與曾子之「守約」相較而論，則孟施舍在「氣」上作自制的工夫，依恃生理血氣之勇，生理血氣時有起伏，守氣之力亦有時窮，因此，血氣之勇只是小勇而已。

〔註38〕見朱子《四書集注》。上孟，卷二，頁 36。

〔註39〕同上註。

〔註40〕參考陳拱〈論孟子之不動心與養氣〉《東海學報》，民國 52 年 6 月，五卷一期，頁 42。

〔註41〕參見唐君毅《中國哲學原論・原道篇》，台北學生書局，1986 年 1 卷，頁 251。

　　北宮黝與孟施舍二人僅管「守氣」上有差別，但他們的不動心，都是僅從守氣而來，若與曾子之不動心作一比較，則此二人所守之氣，都並未經過對於其道德意志或道德理性之自覺。

2. 守　約

　　曾子之不動心，依孟子所言是「自反而不縮，雖褐寬博，吾不惴焉。自反而縮，雖千萬人，吾往矣」（〈公孫丑上〉）。孟子言曾子之不動心乃是一種大勇，且得之於孔教。朱子解釋說：

> 此言曾子之勇也。子襄，曾子弟子也。夫子，孔子也。縮，直也。檀弓曰：古者冠縮縫，今也衡縫。又曰：棺束，縮二衡三。惴，恐懼之也。往，往而敵之也。言孟施舍雖似曾子，然其所守，乃一身之氣，又不如曾子之反身循禮，所守尤得其要也。孟子之不動心，其原出於此，下文詳之〔註42〕。

曾子的大勇，是透過「自反而縮」的良心自覺反省，也就是朱子所謂的「反身循禮」〔註43〕之意，反身循禮即反觀內心之理「直」與否，此理直則與外在對象，或外在對象的多寡，皆無所懼。所「惴」與「不惴」的是內心的理字，而非對象。依此理字言勇，必然是大勇，見理分明之勇或不動心，一是必以理為準，此理必須通過人的反省，而對於其道德意志或道德理性之自覺，才得以呈現，並循此自覺而起實踐工夫以達於純熟，即古人所謂「仁精、義熟」之境地，然後始有一依理為準的可能。而欲達此理之境，必須融攝具體的氣，而作具體的表現〔註44〕。曾子之「守約」就本義以成勇，但本著義理又如何產生「雖千萬人吾往矣」之浩然壯氣？

　　孟子分析三種不動心的類型，以三種「氣」來呈現三種「勇」的表現。孟子舉北宮黝與孟施舍「守氣」的例子，已經超越春秋戰國時代，一般人養氣健生的範圍，提出曾子「守約」之大勇，更以道德自覺滲入「氣」中，將養氣健生、求久世長生的觀念，提昇至道德境界，以「修身」立命，非以人命長短為羨，所以孟子承襲孔子「殺身成仁」思想，有「捨身取義」的主張。這也突顯儒家有關道德倫理的修養，與精神情志的調養相結合的養生思想。

〔註42〕見朱子《四書集注》。上孟卷二，頁 37。
〔註43〕同上註。
〔註44〕見《孟子‧盡心篇》：「夭壽不貳，修身以俟之，所以立命也」。《四書集注》。下孟卷七，頁 188。

個人的道德修養在養生中的作用，在《詩經》裡就有具體的說明。《詩經・大雅・文王》曰：「聿修厥德，永言配命」〔註45〕。《素問・上古天眞論》也說：「所以能年皆度百歲而動作不衰者，以其德全不危也」〔註46〕。

上述所指皆言只有注重自我道德修養，才能得到天命的長久庇佑。因此孔子說：「仁者壽」。有德之人、有仁之人能得高壽的論調，即成爲儒家養生思想之基調，因此孟子言「氣」必「配義與道」來說明。下文說明孟子培養不動心之「浩然之氣」的過程。

3. 孟子的不動心──「持其志，無暴其氣」

《孟子・公孫丑・上》篇曰：

> 敢問夫子之不動心，與告子之不動心，可得而聞與？」告子曰：『不得於言，勿求於心；不得於心，勿求於氣』。不得於心，勿求於氣，可；不得於言，勿求於心，不可。夫志，氣之帥也。氣，體之充也。夫志至焉，氣次焉。故『持其志，無暴其氣』」。既曰：『志，至焉；氣，次焉』；又曰：『持其志，無暴其氣』者何也？」曰：「志壹則動氣，氣壹則動志也。今夫蹶者趨者，是氣也；而反動其心。

朱子在「持其志，無暴其氣」這一段作了很好的解釋，他說：

> 此一節公孫丑之問，孟子誦告子之言，又斷以己意而告之也。告子謂於言有所不達，則當舍置其言，而不必反求其理於心；於心有所不安，則當力制其心，而不必更求其助於氣。此所以固守其心而不動之速也。孟子既誦其言而斷之曰：彼謂不得於心而勿求諸氣者，急於本而緩其末，猶之可也；謂不得於言而不求諸心，則既失於外而遂遺其內，其不可也必矣。然凡曰可者，亦僅可而有所未盡之辭耳。若論其極，則志固心之所之，而爲氣之將帥，然氣亦人之所以充滿於身，而爲志之卒徒者也。故志固爲至極，而氣即次之。人固當敬守其志，然亦不可不致養其氣。蓋其內外本末、交相培養，此則孟子之心，所以未嘗必其不動，而自然不動之大略也。」（朱子《四書章句集注》）

原文前段是告子的主張，之後是孟子的批評，告子一味力制於心，使心之不安不求助於氣，將心與氣隔離，以避免爲氣所動搖，強力控制使心不通於氣，

〔註45〕《白文十三經》，黃侃手批 87 年 12 月初版，頁 107。

〔註46〕見《黃帝內經・上古天眞論》・一卷之一，《四書叢刊正編》商務，頁 7。

此尙以心爲主。孟子僅許一「可」字，誠如朱子所說：「可者亦僅可，而有所未盡之辭耳」〔註47〕，僅是認爲勉強可行。清焦循曰：

> 告子之不動心，第於兩『勿求』見之〔註48〕。

毛奇齡說：

> 告子惟恐求心即動心，故自言勿求於心。

又說：

> 告子……舉凡心所不得與不得於心，皆一概屏絕，而更不求一得心
> 與心得之道，徒抱此冥頑方寸，謂之不動〔註49〕。

氣是與外界接觸的資具，告子對「言」、「氣」不予重視，亦不知「氣」與「心」有相互影響的關連性，徐復觀說：

> 告子的不得於言，勿求於心，是對於社會是非、得失，一概看作與
> 自己無關，不去管它，這便不至使自己的心受社會環境干擾〔註50〕。

告子的不動心，在他看來是「採取遺世獨立，孤明自守的途逕」〔註51〕，即與毛氏所謂其徒抱冥頑方寸謂之不動之說類同。

至於「言」則爲心之聲，言由心發，氣由心持，言之不當於理，必是心有所害，心有所害，正當向心上求理。因此，言之不得，當求諸於心，心之不得，不可以求之於氣。心主宰「言」與「氣」，心有知是、知非的功能，也是鑒照萬事萬物的本體，離開「心」實不得以有「言」，亦不得以有「氣」〔註52〕。如果「不得於言，勿求於心」，便誠如朱子所說：「既失於外，而遂遺其內。其不可也必矣」

孟子批評告子之不動心後，又說：

> 夫志，至焉。氣，次焉。故『持其志，無暴其氣。』(〈公孫丑上〉)

「志」與「氣」的關係，依孟子是將帥與卒徒的關係，志是心之所之，心之所住，所以孟子言「持其志」。「持志」是把持、把握理智的主宰，「氣」是人形體上所充塞的精神氣概。孟子說：「氣，次焉」，是指氣由志主導，程子也

〔註47〕見朱子《四書集注》。上孟卷二，頁38。
〔註48〕見《焦循・孟子正義》，中華書局，民國62年三版，頁.194。
〔註49〕見《焦循・孟子正義》，引毛奇齡逸講箋，中華書局，民國62年三版，頁.194。
〔註50〕見徐復觀〈孟子知言養氣章試釋〉，《民主評論》，民國48年5月，第十卷，第9期。
〔註51〕同上注。
〔註52〕參考周群振〈知言養氣章研究〉下，《民主評論》，民國51年10月，第十三卷，第19期。

說：「志動氣者什九，氣動志者什一」（見《四書集注》朱子引程子言）。志之所至，氣亦隨之到來〔註53〕，若能持志，則氣自然不至於暴亂。

> 惟心氣初同於心，卻可因物之交引而下墜，物氣初同於物，卻可因心之提攜而昇化。故氣之墜或昇，關鍵只在持不持志之一事〔註54〕。

因此，「持志」是守住氣不使氣暴亂的實踐工夫，一方面於內「持其志」，一方面於外則「無暴其氣」，即是朱子集注所言的「內外，本末交相培養」（朱子《四書集注》）。

弟子公孫丑未明孟子之意，循而又問：「何也？」孟子答：「志壹則動氣，氣壹則動志。今夫蹶者、趨者，是氣也，而反動其心」。

在孟子心、志、氣三者不可分割，三者合為一生命之整體，雖以內外、本末層次的不同來說明，但人在行動時，心、志與氣之間是合一而非為三。因此孟子不贊同告子重「氣」斷心或重「言」息心，息氣，將心、氣、言分割為三，公孫丑仍執著志、氣是分屬不同的兩個觀念，不明白志即已能完全掌握氣，「持志」即可，為何還要做另一層「無暴其氣」的工夫？孟子則以「志壹則動氣，氣壹則動志」來做進一步說明。

朱子註曰：

> 壹，專一也。蹶，顛躓也。趨，走也。孟子言志之所向專一，則氣固從之；然氣之所在專一，則志亦反動其心焉。如人顛躓趨走，則氣專在此而反動其心焉，所以既持其志而又必無暴其氣也。（《四書集注》）

志專一時，便志到氣到，志足以動氣；而氣專一時，若不克制，亦足以動其心志。孟子十分了解志與氣之間相互影響的關係，所以舉出人急走或跌倒時，心志立刻不寧的例子，可以看出在古人的認知中，「氣」的失調狀態，通常會破壞「心」的平靜，凡俗人之「心」難以超越「氣」的影響，如《淮南子‧齊俗》篇所言：「氣亂則昏智」即為此理〔註55〕。

〔註53〕《傳習錄》載陽明答弟子陸澄問志至氣次，說：「志之所至，氣亦至焉之謂，非謂極至次貳之謂」。見《陽明全書》王守仁撰，中華書局，卷一，頁17。

〔註54〕見朱子《四書集注》上孟卷二，頁38。

〔註55〕莊子強調體道者，「心」不為「氣」動之說，有異於當時的想法，《莊子‧大宗師》曰：「子輿有病，子祀往問之，曰：『偉哉！夫造物者將以子為此拘拘也？』曲僂發背，上有五管，頤隱於齊，肩高於頂，句贅指天，陰陽之氣有診，其心閒而無事」。子輿是莊子筆下齊死生之人，能「知死生存亡為一體」（〈大宗師〉），已達到泯然生死之境界，「陰陽之氣有診」，卻說「其心閒而無

孟子以「志壹則動氣，氣壹則動志」說明「持其志」與「無暴其氣」的修養實踐工夫，「志壹則動氣」即言人之心若能凝聚且專一，必可影響支配氣，使氣歸於心志之主宰，重點在於平時必須訓練心志有凝聚專一的工夫。即「持志」的工夫做得夠深切才行。而反過來說「氣壹則動志」，其狀態則呈負面反應，當氣凝聚專一時，即表示氣遠離心志而墮於物，轉而淹沒心志，以至蒙蔽心志，心物交引日下，如同孟子說的「耳目之官，不思而蔽於物，物交物，則引之而已矣」（〈告子〉）。因此「不動心」的修養，不獨僅是屬於「氣」或是「志」的，應是「志」、「氣」雙修。

孟子所言之「氣」顯然不同於前三者（北宮黝、孟施舍、告子），在層次上亦高於前三者，不僅如此，孟子在其上，更開立了「浩然之氣」的修養工夫，將「志」與「氣」、知行、內外圓融一體，創生了至大至剛的道德生命〔註56〕。

（二）孟子所養之氣——浩然之氣

敢問夫子惡乎長？

曰：我知言，我善養吾浩然之氣。

敢問：何謂浩然之氣？

曰：難言也。其為氣也，至大至剛，以直養而無害，則塞於天地之間。其為氣也，配義與道，無是餒也。是集義所生，非義襲而取之也；行有不慊於心，則餒矣。我故曰告子未嘗知義，以其外之也。

必有事焉而勿正，心勿忘，勿助長也。

何謂「浩然之氣」？這氣外顯的性質為「浩然」、「至大至剛」。朱子解釋說：「盛大流行貌」，因其與道冥合，故是充滿宇宙之中、無處不在，若人能養得此氣，便能與天地宇宙感通，其氣遍滿。又其與道冥合之氣，不為外物所摧毀，又能克制外在邪氣，故稱之為「至剛」。其內在性質為「配義與道」，「義與道」即良知，即天地之性，惟依道義而行乃能與天地宇宙間之正氣感通，而生出「浩然之氣」〔註57〕

事」，可見子輿心境異於常人。見《莊子集解》，頁117。

〔註56〕見李志勇〈孟子「氣」字的研究〉《鵝湖月刊》，第十五卷，第八期，總號一七六。

〔註57〕參考許宗興《孟子哲學》〈孟子之內聖思想〉，商務印書館，民國 78.4，頁173。

孟子形容他善養的「浩然之氣」的第一句爲「難言也」。朱子解釋說：

> 難言也！蓋言心所獨得而無形聲之驗，未有易以語言形容者。故程
> 子曰：『觀此一言，則孟子之實是有氣，可知矣！』

由內心獨得之道德體驗，至盡心、知性、知天，孟子感通到「浩然之氣」自
生命透出，至大至剛與天道剛健中正之「大氣」（趙歧語）合流，而塞於天
地之間。要將此一道德的提昇，轉換成爲言語形略的修養工夫，自然是難言
〔註58〕。乃因「浩然之氣」如同一般「血氣」皆統一於氣，雖然「浩然之氣」
具有道德精神因素，但它仍是氣的一種表現形態，包容於氣之中。

有人問朱子「浩然之氣」與「血氣」的不同

> 問：『浩然之氣，即是人所受于天地之正氣否？』
> 曰：『然！』
> 又問：『與血氣如何？』
> 曰：『只是一氣。義理附于其中，則爲浩然之氣。若不由義而發，則
> 只是血氣』〔註59〕。

朱子又解釋二氣不可分割，說：

> 浩然之氣，只是這血氣之氣，不可分作兩氣。人之言語動作所以充
> 滿于一身之中者，即是此氣。只集義積累到充盛處，仰不愧、俯不
> 怍，這氣便能浩然〔註60〕。

> 氣是形而下者，道義是形而上者，如何合得？〔註61〕

> 氣，只是一個氣，便浩然之氣，也只是這個氣〔註62〕。

依朱子之意，認爲「血氣」是「形之所待以生者，血陰而氣陽也」〔註63〕，
而「浩然之氣」是「配合道義而成」〔註64〕，朱子認爲血氣和浩然之氣是氣
的兩種表現形態，它們既有區別、又統一於一氣。區別在於：血氣是氣的基
本形態，它生人生物，是構成人與物的原初物質；浩然之氣則是在血氣的基

〔註58〕 參見李志勇〈孟子「氣」字的研究〉《鵝湖月刊》，第十五卷，第八期，總號
一七六。
〔註59〕 見《朱子語類》卷五十二，中華書局，民國75年，頁1244。
〔註60〕 見《朱子語類》卷五十二，中華書局，民國75年，頁1244。
〔註61〕 見〈答呂子約書〉收於《朱文公文集》卷四十八，商務，民國69年一版，頁830。
〔註62〕 見《朱子語類》卷四十六，中華書局，民國75年，頁1256。
〔註63〕 見朱子《論語集注·季氏》，世界書局，下論卷八，頁116。
〔註64〕 見朱子《朱文公文集》卷四十八，〈答呂子約書〉，商務，民國69年一版，頁830。

礎上配合道義而成，它是物質與道德精神所結合的氣。而相同之處在於：血氣與浩然之氣都流一於氣，雖然浩然之氣具有精神性的因素，但它仍是氣的一種表現，包容在氣之中〔註65〕。

孟子接著說：「其為氣也，至大至剛，以直養而無害，則塞於天地之間」。孟子首先提示了工夫的要領在「直養而無害」，朱子注說：

> 蓋天地之正氣，而人得以生者，其體段本如是也，惟其自反而縮，則得其所養而又無所作為以害之，則其本體不虧，而充塞無間矣〔註66〕。

程子說：

> 天人一也，更不分別，浩然之氣乃吾氣也，養而無害塞於天地，一為私意所蔽，則坎然而餒，知其小也〔註67〕。

所謂至大，即所至無外，至剛是其行無所屈，「直」是順義，順著道義本來的流行所鼓動的氣，必然是「浩然之氣」，以人內在仁心原本的德與天地相同的德，相契合的道義，來養此「氣」，則此「氣」之性為「至大至剛」，能充塞於天地之間。徐復觀說：

> 孟子的養氣，便不能僅如養攝生家的調節身體一樣，（我想也會含有這層意義在裏面）而係進一步將志與氣融和而為一。這種合而為一，乃是由志所給與於氣的塑造力（養），使氣向志那裡昇華，使氣與道義不分，因而也具備了道義的普遍性、無限性〔註68〕。

徐氏認為「浩然之氣」與「義與道」是合而為一的，無「義與道」此氣便不浩然了。孟子說明「浩然之氣」的由來是「配義與道無是餒也」；又說「是集義所生者，非義襲而取之也」。

朱註「配」字為「合而有助之意」，「餒」朱註為「餒乏而氣不充體」，一如氣餒，即氣不足之意，「集」朱註為「猶積善也」。是言逐漸累積之意，「襲」朱註為「掩取」、「直養」之意，是依、順之意，順「義與道」，即人心時時依良知而行，理既直、氣亦能壯、無有虧欠，若不能依義、順道而行，則理不直、氣不壯，氣不足、呈現虛餒現象，是謂餒矣。

〔註65〕見張立文主編，《氣》，中國人民大學，1990 年 12 月，頁 157。
〔註66〕見《四書集注》〈公孫丑・上〉上孟・卷二，世界書局，頁 39。
〔註67〕同註 63。
〔註68〕見徐復觀，《中國思想史論集》，學生書局，民國 70 年，頁 151。

　　「浩然之氣」是由「集義」而來，此處的積善是「由仁義行」之積法，是不斷實現良知之善於事事物物的積法。而朱子所謂「事事合於義」，此「義」亦是指內在良知言，義襲則相反，是間斷的，是向外求取的〔註69〕。換言之，「浩然之氣」的工夫全在平日就有此配與道義，合於良知之心，在每一事上擴充，而非向外襲取得來。蔡仁厚說：

　　　所謂『集義』，是隨時表現內在本有之義，以行其所當為之事，所以
　　　人的每一步生活，隨著內在之道德性走一次，便是集義一次。『集義
　　　所生』，是說浩然之氣，乃是在『隨時表現內在之義中』，自然生發
　　　而出。所以……縱貫地說，集義是不間斷的，並非偶一為之，……
　　　內在地說，集義是表現內心本有之義，並非向外襲取而來〔註70〕。

告子認為義在外、而不在內，所以也談不上如何集義了。

　　孟子養氣的方法，透過「自反」、「持志」、「無暴其氣」、「直養」、「集義」而來，而達到不動心的工夫。最後孟子講到養「浩然之氣」的工夫，養氣之功即是「必有事焉」。朱註：

　　　必有事焉，有所事也。正，預期也……當勿忘其所有事，而不可作
　　　為以其助長〔註71〕。

顧炎武引倪文節思之言；

　　　謂當作『必有事焉而勿忘，勿忘勿助長也。』傳寫之誤，以「忘」
　　　字作「正心」二字。言養浩然之氣，必當有事而勿忘，既已勿忘，
　　　又當勿助長也〔註72〕。

先秦儒家強調在現世中實踐道德行為，「養氣」也如此，必將心的道德實踐在事上，若只用在心上，易成虛浮空理，而養氣有「勿正」的原則，是因「正」為預期之意。事不到來而預期其中利弊，或預設未來、妄心作祟，使心浮動幻想，於「氣」無益。除此之外，養氣不可間斷、不懈怠，氣能延續不中挫，因此，孟子提點「勿忘」的工夫。王陽明講解孟子此段工夫，十分透徹，他說：

　　　近歲來山中講學者，往往多說勿忘勿助工夫甚難。問之，則云：『才

〔註69〕參考許宗興《孟子哲學》〈孟子之內聖思想〉，商務印書館，民國78.4，頁175。
〔註70〕見蔡仁厚，《孔孟荀哲學》，學生，民國73年，頁269。
〔註71〕見朱子《四書集注·孟子·公孫丑上》，上孟·卷二，頁38。
〔註72〕見顧炎武《日知錄》卷七，《四部備要·子部·日知錄集釋》，中華書局，頁17。

著意，便是助；才不著意，便是忘；所以甚難』。助是助個什麼？其
人默然以對，始請問區區因與說：『我此間講學卻只說個必有事焉，
不說勿忘勿助；必有事焉者，只是時時去『集義』若時時去用必有
事的工夫，而或有時間斷此便是『忘』了。即須『勿忘』，時時去用
必有事的工夫，而或有時欲速求效，此便是『助』了。即須『勿助』
其工夫全在『必有事焉』上，用勿忘勿助只就其間提撕警覺而已。
若是工夫原不間斷，即不須更說『勿忘』；原不欲速求效，即不須更
說『勿助』，此其工夫何等明白簡易，何等灑脫自在。』

孟子舉出宋人揠苗助長之例來說明，「氣」只能靠平日涵養，在事上集義，日
復一日此氣愈集愈充實，積厚於心，形發於外，則為「浩然之氣」。「浩然之
氣」是自然形成的，孟子認為宋人之舉，對苗而言是「非徒無益，而又害之。」
（公孫丑上），而不當的助長對於「養氣」來說亦復如是，一味求速必有暴亂
的結果。

（三）孟子思想中的養生觀念

前述說明孟子之「浩然之氣」的由來與工夫，孟子將氣配義與道，附上
道德精神因素，似不類於攝身養生家之說法，但孟子的理論中是否包含煉氣
養生家的內容？孟子對於志——氣互動的觀點，是否反映古代對人身軀體共
通的看法？是否影響後世？即為此段所要探討的重點。

中國儒、道二家的工夫論，皆落於「心」上，無論是儒家的「正心」、「盡
心」；道家的「心齋」、「坐忘」，其工夫的完成，必相應於體貌形軀的變化。
莊周筆下「得道的神人」〔註73〕，或言「色若孺子」〔註74〕，孔子所謂「仁
者壽」〔註75〕，或孟子所謂的：

> 君子所性，仁義禮智根於心；其生色也，睟然見於面，盎於背，施
> 於四體，四體不言而喻。（盡心上）

內「心」的修為終可「生色」而「體」現於外。而孟子的聖人「踐形」〔註76〕
之論，正是指「盡心」工夫的究極，充分現於外的形色〔註77〕。

〔註73〕見《莊子・逍遙遊》。《莊子集釋》，頁14。
〔註74〕見《莊子・大宗師》。《莊子集釋》，頁114。
〔註75〕見《論語・雍也篇》。《四書集注》，上論・卷三，頁38。
〔註76〕見《孟子・盡心・上》：「形色，天性也。唯聖人然後可以踐形」。《四書集注》，
　　　　下論卷七，頁38。
〔註77〕見蔡璧名《身體與自然》國立臺灣大學《文史叢刊》，民國86.4初版，頁11。

二、養　生

　　孟子曾自稱其善養「浩然之氣」，弟子公孫丑請示「浩然之氣」的具象內容，孟子表示「浩然之氣」是很難加以狀述的（「難言」），不過他也試加描繪：

> 難言也。其爲氣也，至大至剛，以直養而無害，則塞於天地之間。
> 其爲氣也，配義與道，無是餒也。是集義所生，非義襲而取之也；
> 行有不慊於心，則餒矣。我故曰告子未嘗知義，以其外之也。必有
> 事焉而勿正，心勿忘，勿助長也。

觀孟子的回答，就「氣」所發者，實僅「至大至剛」、「塞於天地之間」二語；餘文要在談論成就此氣的作用機序，所謂「集義所生」、「配義與道」，均是落在「心」上說。孟子對氣的認知，既然是：「志，氣之帥也」、「志至焉，氣次焉」（〈公孫丑・上〉），於是對浩然之「氣」的養成，便側重於由「心（志）」的工夫踐履獲得；簡言之，即擴充惻隱、羞惡、辭讓、是非四端之心，所謂：

> 惻隱之心，仁之端也。羞惡之心，義之端也。辭讓之心，禮之端也。
> 是非之心，智之端也。人之有是四端也，猶其有四體也……凡有四
> 端於我者，知皆擴而充之矣，若火之始然，泉之始達。（《孟子・公
> 孫丑・上》）

於是基於「心─氣」間可以「帥─卒」爲喻的主、從關係，「氣」之長養便隨「心」之擴充呈同步消長；仁、義、禮、智的工夫踐履在生命歷程中無有止境，隨而擴充之氣，便也只宜以「至大至剛」、「塞於天地之間」來形容；相對的，一旦心違良知，不合義、道，也就是所謂「行有不慊於心」，則配「心」之「氣」亦將從而消弱、萎靡。

　　因此，我們若要以具道德意味的「正（義）氣」來稱說孟子所養之氣，則「正（義）」字之命意，並不在於氣在人體中是否正常循行，也就是並非爲反映身體無病有病的實然狀態，而是以之強調帥氣之「心」的道德性。《管子》書中則有相對《孟子》德行意義「浩然之氣」的「邪氣」，云：

> 曙戒勿怠，後稺逢殃，朝忘其事，夕失其功，邪氣入內，正色乃衰，
> 君不君，則臣不臣；父不父；則子不子；上失其位，則下踰其節；
> 上下不和，今乃不行〔註78〕。（《管子・形勢》）

對於所謂「邪氣入內，正色乃衰」，《管子・形勢解》云：

〔註78〕見《管子・商君書》，世界書局 79 年 6 月 13 版，頁 4。

中情信誠，則名譽美矣。修行謹敬，則尊顯附矣。中無情實，則
名聲惡矣。修行慢易，則汙辱生矣。故曰：邪氣襲內，正色乃衰
也〔註79〕。

孟子所說的「浩然之氣」，是由「心」的道德發用擴充而來；《管子》所說的
「邪氣」，則是由「中情信誠」、「修行謹敬」的對反：「中無情實」、「修行慢
易」所招引，亦即由誠心的蒙昧、德行的怠惰所導致，而非側重「襲內」之
「氣」本身，在自然、身體中的常、變實象。

侯外廬認為孟子的浩然之氣，實受宋、尹影響。他說：

孟子的『養心』，有時又名為『善養吾浩然之氣』。關於何謂『浩然
之氣』，他曾說：『難言也！其為氣也，至大至剛，以直養而無害，
則塞於天地之間。其為氣也，配義與道，無是，餒也。是集義所生
者，非義襲而取之也；行有不慊於心，則餒矣』（〈公孫丑上〉）。這
一思想也出於宋、尹，這一段文字是與（〈內業篇〉）下引二段文字
相似的：『是故此氣也，不可止以力，而可安以德；不可呼以聲，而
可迎以音（意）。敬守勿失，是謂成德』。『精存自生，其外安樂，內
藏以為泉源，浩然和平，以為氣淵。淵之不涸，四體乃固；泉之不
竭，九竅遂達（原作「通」，依韻改），乃能窮天地，被四海』。宋、
尹所謂「安以德」，不就是孟子所謂「以直養而無害」，而「集義所
生者」嗎？孟子所謂『人之有是四端（仁、義、禮、智）也，猶其
有四體也；凡有四端於我者，知皆擴而充之矣，若火之始然，泉之
始達。苟能充之，足以保四海』（〈公孫丑上〉），不正是宋、尹所謂
『淵之不涸，四體乃固；泉之不竭，九竅遂達，乃能窮天地，被四
海』的文法，而僅是改換了字句嗎？特別是孟子所謂『浩然之氣』
這一名詞不是脫胎於『浩然和平以為氣淵』嗎？到了養氣之極，孟
子說：『萬物皆備於我矣』，又說：『夫君子所過者化，所存者神，上
下與天地同流』（均見（〈盡心上〉））；而（〈內業〉）篇則說：『意氣
得而天下服，心意定而天下聽，摶（專）氣如（而）神，萬物備存』。
其他平行的思想，尚應該詳加研究，此處從略〔註80〕。

〔註79〕同上註，頁223。
〔註80〕見侯外廬《中國思想通史》，人民出版社，1995年10月薪，七刷，頁397～
398。

　　郭沫若考證《管子》中的〈心術‧上、下〉、〈白心〉、〈內業〉四篇，爲宋、尹之遺作〔註81〕。莊子〈天下〉篇將宋、尹並列論之，可見其思想旨趣相同，又《孟子‧告子》篇中載孟子曾遇宋鈃，而稱「先生」，宋當年長於孟子。誠如侯氏所言，則孟子論氣無疑是受了宋鈃、尹文思想的影響〔註82〕。他說：

　　　　宋、尹一派的道德觀，是從道家的天道觀來的，保留了它的形式，

　　　　而在實質上卻以道德本體，偷替了形而上的自然本體〔註83〕。

又說：

　　　　孟子看重了寡欲的氣，不是毫無理由的，他所以養的浩然之氣，也

　　　　不是毫無承藉的，當孟子嗅到這一治心之方式的唯心主義氣味時，

　　　　便引以爲同道〔註84〕。

張榮明認爲宋鈃、尹文的思想，提出「精氣論」自然觀，與其精通古代氣功之道有極大關係〔註85〕。但孟子言「氣」並不同於煉氣攝生的養生家，只關注長命長生、延年益壽，企求現世免於病苦爲目的，然而，孟子對於「氣」的觀念卻十分符合養生理論。

　　煉氣攝生的工夫，首先重在主觀精神作用，也就是內在精神上必須培養良好的心理狀態，孟子說：「其爲氣也，配義與道；無是，餒也」（〈公孫丑〉）。在精神上常與道義同在，無所畏懼，心理無有愧歉，理直氣壯。

　　心正與不正與吾人平時存心有關，也與日常行事息息相關，時時心存於道義，則行事光明、心地磊落、流行於人體中的氣，必然因心地坦蕩而暢行自得，顯發於外之氣也必然正氣凜然，所以孟子說：「行有不慊於心，則餒矣」（〈公孫丑〉）。同於此理，宋人張載也說：

　　　　心和則氣和，心正則氣正〔註86〕。

至清代，戴震也提出同樣的看法，他說：

　　　　凡人行事，有當於理義，其心氣必暢然自得；悖於理義，心氣必沮

　　　　喪自失〔註87〕。

〔註81〕見郭沫若《青銅時代》〈宋鈃引文遺著考〉一文，郭沫若選集刊行委員會編，
　　　　東京市：雄渾社，民國71年一版。
〔註82〕參考侯外廬《中國思想通史》，人民出版社，1995.10，一版，頁359。
〔註83〕同上註，頁357。
〔註84〕同上註，頁359。
〔註85〕參考張榮明《古代氣功與先秦哲學》，桂冠，1992.1初版一刷，頁196。
〔註86〕見《宋元學案‧橫渠學案‧下》，謬天授選註，商務，民國77.8，九版。
〔註87〕見戴震《孟子字義疏證‧上‧理》，王雲五主編，商務，民國67.7初版。

後世養生煉氣家的看法，與孟子同出一轍：

> 初服氣，必須心意坦然，無疑無畏必大勝，若懷疑惑即正氣難行〔註88〕。

> 循理而動，不繫於物者，正氣〔註89〕。

孟子說：「氣，體之充也」。說明孟子已充分認識到氣在人體上的作用。古代醫家也認爲氣是人生命活動的泉源，是維持人體生命的基本物質〔註90〕，孟子對氣的觀點，已經吸納了當時的醫學理論。

孟子說：「夫志，氣之帥也」；「志壹則動氣，氣壹則動志」，孟子對於氣的觀點，與醫家主張相合。

> 心有所憶謂之意，意之所存謂之志〔註91〕。

古代醫家也認爲人的心理狀態，必然直接影響人的血氣運行及身體健康與否，《素問經》說：

> 喜則氣和志達、榮衛通利、發氣緩矣。悲則心柔急，肺布葉舉，而上焦不通，榮衛不散，熱氣其中，故氣消矣。恐則精卻，卻則上焦閉，閉則氣還，還則下焦脹，故氣不行矣。……驚則心無所倚，神無所歸，慮無所定，故氣亂〔註92〕。

又說：

> 心之合脈也，其榮色也〔註93〕。

> 暴樂暴苦，始樂後苦，皆傷精氣，精氣竭絕，形體毀沮〔註94〕。

特殊的情緒傾向，決定「氣」的必然走勢，導致不同的氣血變化，也決定了疾病的類型，心（情緒）不穩定，「氣」必然失調，心成爲導致疾病的內在前因〔註95〕。

〔註88〕見《道藏·洞神部》〈莊周氣決解〉陸國強等編，上海：文物出版社，天津：古籍出版社1994年一版。

〔註89〕見《文子》卷四。

〔註90〕見《素問·寶命全形論篇》：「人以天地之氣生」。《四部叢刊》正編》商務，頁57。

〔註91〕見《靈樞·本神》卷四，《《四部叢刊》正編》，商務，頁25。

〔註92〕見《素問經·舉痛論·三十九》，第十卷，《《四部叢刊》正編》商務，頁57、，頁81。

〔註93〕見《素問經·五藏生成論·十》，第三卷，頁27。

〔註94〕見《素問經·疏五過論·七十七》，第二十三卷，頁195。

〔註95〕引發疾病產生還有外在因素，如遇寒、受熱、飲食不當、過度勞動。

　　與孟子同時期的莊子，在《莊子》一書中也提到相同的理論，如：

　　　吾所謂無情者，言人不以好惡內傷其身，常因自然而不益生。(〈人
　　間世〉)

　　　哀樂不易施乎前。(〈人間世〉)

以及有名的葉公子高使齊，過度驚恐焦慮而患內熱之疾的故事，說明此理。《管
子・心術篇・下・卷十三》中也指出情感的牽引，將對身體造成影響：

　　　夫民之生也，必以平正；所以失之者，必以喜怒哀樂〔註96〕。

《呂氏春秋》說：

　　　大喜、大怒、大憂、大恐、大哀，五者接神，則生害矣〔註97〕。

《淮南子》書中也說：

　　　夫悲樂者，德之邪也；而喜怒者，道之過也；好憎者，心之暴也
　　　〔註98〕。

　　　人之大怒破陰，大喜墜陽，大憂內崩，大怖生狂〔註99〕。

　　　中之得則五藏寧，思慮平，筋力勁強，耳目聰明〔註100〕。

情緒起伏將引發疾病的觀點，爲先秦儒家、道家、秦漢黃老道家、雜家以至
宋、尹學派等思想共同的看法，其思想亦散見於各家典籍之中。因此，孟子
所謂「行有不慊於心」的觀點，使人心常處於喜樂、平和的心境中，避免悲
懼、驚恐的戕害，自然氣無所損，人能常保安康。

　　對於心一氣之間的相互影響，孟子說：「志，氣之帥也」。孟子精闢地分
析志與氣之間的關係，人的軀體充滿了氣〔註101〕，血氣會影響人的意志，而
志一動，氣也會隨之流行。古人早已明瞭血氣與意志的相互關係，尤其是軍
事活動的記載中有許多例子可見：

　　　夫戰，勇氣也。一鼓作氣，再而衰，三而竭。彼竭我盈，故我曲楚
　　　直，其象莫不生氣。《國語・晉語・四》載子犯之語。

　　　三軍以利用也，金鼓以聲氣也……聲盛致志，鼓攃可也。《左傳》僖

〔註96〕見《管子・商君書》，頁223。
〔註97〕見《呂氏春秋・季春記・盡數》，呂不違著，藝文印書館，民55年。
〔註98〕見《淮南子・精神》《中國子學名著集成》，蕭天石編，民國67年初版，頁466。
〔註99〕見《淮南子・精神》，頁248。
〔註100〕見《淮南子・原道》，頁41。
〔註101〕見朱子注：「然氣亦人之所以充滿於身，而爲志之卒徒也」。《四書集注》，上
　　　　論・卷二，頁38。

公廿二年，載司馬子魚之語。

上述之例皆隱含氣——志互動之意，「氣」的思想已普遍流行於春秋戰國時代。孟子「養心」說之外，也言「養氣」；荀子也有「治氣養生之術」；老子重「專氣」；莊子在「虛心」之外，亦言「合氣」、「聽之以氣」。先秦諸子論修養時，除了重視「心」以外，也注意到「氣」的存在之重要性。「有諸內，必形諸於外」（〈告子下〉）的想法，普遍見於當時的思想〔註102〕。

精神意識與氣的作用是相輔相成的、相互影響的。孟子指出「志壹則動氣，氣壹則動志」（〈公孫丑上〉），志與氣二者必須兼顧，因此提出「持其志」與「無暴其氣」，志、氣雙修的辦法。「持志」是使精神意志合於道與義。

其後，宋明儒深受此論影響，將孟子志與氣的觀點，用於靜坐工夫上。如明人郝敬說：

> 『志，氣之帥也』。此乃天然妙用。人心起一念，氣即隨念而動。
> 真宰凝定，氣自蟄伏；中心坦坦，氣自舒暢……所以養氣又在調
> 心〔註103〕。

三、養　德

行為合於道義而不逾矩，則此人內在光明，必有德內存於中，孟子言「氣」配之以道義，冀使心正而氣正，孟子將精神情志的保養，與道德倫理的修養合而為一，這樣的主張承襲孔子「仁者壽」〔註104〕的思想而至，先秦儒家對此主張看法是一致的〔註105〕。《禮記·中庸》說：

> 故大德，必得其位，必得其祿，必得其名，必得其壽。故天之生物，
> 必因其材而篤焉，故栽者培之，傾者覆之〔註106〕。

朱註《中庸》此段說舜因有德，所以壽長「百有十歲」，孟子書中對仁、德與養生的關係，提出「士庶人不仁，不保四體」（〈離婁上〉）。又說：

> 君子所性，仁義禮智根於心；其生色也，睟然見於面，盎於背，施

〔註102〕參考楊儒賓主編之《中國古代思想中的氣論及身體觀》，巨流圖書，民國82.3，一版，頁14。
〔註103〕見《明儒學案·諸儒學案》下，正中書局，李心莊重編，34.6初版，頁458。
〔註104〕見《論語·雍也》篇。《四書集注》上論·卷三，頁38。
〔註105〕《詩經·大雅·文王》：「聿修厥德，永言配命」《白文十三經》，黃侃手批87年12月初版，頁107；《易·乾·九三》：「君子終日乾乾，夕惕若厲無咎」。《白文十三經》，黃侃手批87年12月初版，頁1。
〔註106〕見《四書集注·中庸》第十七章，頁12。

於四體，四體不言而喻。（〈盡心上〉）。

孟子將有德之人的形象生動描繪出來，《管子·內業》篇也肯定內心修爲，對生理年壽的影響：

> 心全於中，形全於外〔註107〕。（〈內業〉）

> 全心在中，不可蔽匿，和於形容，見於膚色〔註108〕。（〈內業〉）

又說：

> 論治在心，此以長壽〔註109〕。（〈內業〉）

《管子·中匡》載錄管仲與桓公的對話，管仲向桓公進言：

> 「始於爲身，中於爲國，成於爲天下」；

> 桓公：「爲身。」

> 管子：「道血氣，以求長年長心長德。」〔註110〕

《禮記·緇衣》：

> 心莊則體舒，心肅則容敬〔註111〕。

《大學》釋誠意章：

> 富潤屋，德潤身，心廣體胖〔註112〕。

朱子解釋此句說：

> 「故心，無愧於怍，則廣大寬平，而體常舒泰」。

以德潤身之人，德性存於心，外顯於形的樣貌就是廣大寬平、體常舒泰，精神坦蕩，身體壯盛。此說與孟子所描繪擴充四端之心有成的「君子」的形貌相當。在《莊子》書中對於體道的「神人」的描述是「肌膚若冰雪，綽約若處子。」〔註113〕

　　古籍中常見諸如此類言心、形之間的關聯，也顯示古人對於心、形之間呈現緊密作用的認知，並瞭解內心的修爲終可「生色」而體現於外。《孟子·盡心上》篇說聖人「踐形」之論，是聖人「盡心」工夫達到極至，充分表現於外的形色，孟子說：「形色，天性也。惟聖人然後可以踐形。」朱子解釋說：

〔註107〕見《管子·商君書》，頁 270。
〔註108〕見《管子·商君書》，頁 271。
〔註109〕見《管子·商君書》，頁 272。
〔註110〕見《管子·商君書》，頁 117。
〔註111〕見《白文十三經》，頁 211。
〔註112〕見孫希旦撰《禮記集解·緇衣》文史哲出版社，民國 79 年 8 月，頁 1329。
〔註113〕見《莊子·逍遙遊》。《莊子集釋》，頁 14。

人之有形有色，無不各有自然之理，所謂天性也。踐如踐言之踐，
蓋眾人有是形而不能盡其理，故無以踐其形，惟聖人有是形，而又
能盡其理，然後可以踐其形而無歉矣〔註114〕。

程子也說：

此言聖人盡得人道而能充其形也。蓋人得天地之正氣而生，與萬物
不同，既爲人須盡得人理，然後稱其名，眾人有之而不知；賢人踐
之而未盡；能充其形，惟聖人也〔註115〕。

四、寡欲與夜氣

孟子的性善論，以「耳目之官不思」（〈告子上〉）爲惡的根源，以「心之
官則思」（〈告子上〉）爲存義養心的先天根據，並導出了「養心莫善於寡欲」
（〈盡心下〉）的存養方法〔註116〕。

孟子指出「耳目之官」沒有具備思慮的功能，所以蔽於外物，但「心之
官」具思慮的能力，事無不思，則心能不受耳目之欲左右，不被外物所引誘
蒙蔽，所以孟子提出「養心莫善於寡欲」的主張，孟子勸人寡欲，以諫世人
須以「志」爲貴、以「欲」爲賤，他說：

體有貴賤，有小大。無以小害大，無以賤害貴，養其小者爲小人，
養其大者爲大人」（〈告子上〉）。

朱注曰：

「賤而小者，口腹也；貴而大者，心志也」〔註117〕。

孟子以人體有大體、小體之分，且二者互爲消長，大體爲良知本心，小體爲
感性欲求，孟子勸人減低嗜欲，而使良知呈現。

侯外廬認爲，孟子：「養心莫善於寡欲」的存養之法，這樣的思想，也是
受了宋鈃、尹文的影響。他說：

〈心術上〉：『心之在體，君之位也。九竅之有職，官之分也。耳目
者，視聽之官也。心而無與於視聽之事，則官得守其分矣。夫心有
欲者，物過而目不見，聲至而耳不聞也。……心術者，無爲而制竅
者也』。『心』和『耳目』有『君』和『官』之分別，這就是孟子『大

〔註114〕見朱子《四書集注・孟子・盡心上》。《四書集注》，下孟卷七，頁201。
〔註115〕《四書集注》，下孟卷七，頁201。
〔註116〕侯外廬《中國思想通史》，人民出版社，1995.10，一版，頁397。
〔註117〕《四書集注》，下孟卷七，頁107。

小貴賤』之所本。宋、尹治心之術，反對『嗜欲充益』，主張『虛其欲，神將入舍，掃除不潔，神乃留處』（〈心術上〉）。因而就得出了這樣的結論：『不以物亂官，不以官亂心』（〈內業〉）。所謂以物亂官、以官亂心，這與孟子『耳目之官不思，而蔽於物，物交物，則引之而已矣』，是同樣的意思。而治心的結果，就是『心全於中，形全於外，不逢天菑，不遇人害，謂之聖人』（〈內業〉）。這就是『從其大體爲大人』，『先立乎其大者，則其小者不能奪也，此爲大人而已矣』的另一種說明〔註118〕。

侯氏認爲孟子「養心莫善於寡欲」，是受到宋、尹學派的影響，但寡欲、節欲的課題，在古代無論是思想家、煉氣家、養生家或醫家，在養心、養神、養生上，都十分地重視。

孟子提出「養心莫善於寡欲」乃是因爲人嗜欲成性，不知節制則「未有不失其本心者。（〈盡心下〉）」孟子不僅以「大體」（良知本心）「小體」（口腹之欲）有貴賤分別，來規勸人必須對欲望節制外，也從另一個角度，用積極的方法來避免外物的引誘，那就是「尊德義」，孟子說：「尊德樂義，則可以囂囂矣。（〈盡心上〉）」朱子注說：「所守之正樂之，則有以自安而不徇乎外物之誘矣。」

孟子言「寡欲」的兩條途徑，其一爲減低嗜欲，以「寡欲」作爲良知呈顯的助緣，二是培養良知本心，由良心作主，以使嗜欲自然不起，或欲念來時，隨起隨破，這兩種工夫，目的都是爲了養「浩然之氣」

儒、道二家言寡欲、恬澹無欲之例，自不待說，而養生家與醫家之看法又如何？《素問經》則從反面來說「嗜欲」的害處：

帝曰：形弊血盡而功不可立者何？

歧伯曰：神不使也。

帝曰：何謂神不使？

歧伯曰：鍼石，道也。精神不進，志意不治，故病不可愈。

帝曰：今精壞神去，榮衛不可復收。何者？

歧伯曰：嗜欲無窮，而憂患不止，精氣弛壞，榮泣衛除，故神去之而病不愈也〔註119〕。

〔註118〕侯外廬《中國思想通史》，人民出版社，1995.10，七刷，頁398。
〔註119〕見《素問・湯液醪醴論・十四》第四卷，頁33。

人形體敗壞，氣血衰竭，縱使鍼石治療亦不見功效，其原因在於病人的「心神」無法發揮「使」氣的作用，然而喪失此作用的原因，則是「嗜欲無窮」。「嗜欲無窮」之害，不僅使人心疲於外在追逐物欲享受，而「憂患不止」，對於內在身體不斷引發的疾病，更是「憂患不止」。「嗜欲無窮」之人，導致「心」不能使「氣」，僅管孟子明白「志，氣之帥也」（〈公孫丑・上〉）。但是，他更清楚一旦嗜欲無度、志亂氣散，則能擴充四端的「心」，也就放逸流於惡了。

略早於孟子的宋銒、尹文，基本思想雖屬於道家，但在《管子》〈心術・上下〉〈內業〉〈白心〉四篇遺著當中，留下許多先秦時期，養生家煉氣的方法，關於「欲」的看法，他們的主張和思想家、醫家並無二致，〈心術〉說：

> 修之此，莫能（如）虛矣。虛者，無藏也〔註120〕。

亦言修養內心最好的方法，在於「虛」掉主觀成見與嗜欲。又說：

> 虛其欲，神將入舍；掃除不潔，神乃留處〔註121〕。

宋、尹認為欲望多，則雜念多，心靈不能保持神智清明，所以嗜欲必然嚴重影響修煉的成敗結果。

孟子提倡「寡欲」，雖然不同於醫家、煉氣家的養生目的，但是卻很合乎養生的原則，各家思想旨趣雖各不相同，但有相互補充之處，宋儒謝良佐就指出這一點，說：

> 用導引吐納之術，非為長生如道家也，亦以助『養吾浩然之氣』耳。
>
> 氣強則勝事〔註122〕。

孟子書中言「氣」，除了〈公孫丑〉篇外，還有「夜氣」（〈告子上〉）、「平旦之氣」（〈告子上〉）、「居移氣」（〈盡心〉），他說：

> 雖存乎人者，豈無仁義之心哉？其所以放其良心者，亦猶斧斤之於木也。旦旦而伐之，可以為美乎？其日夜之所息，平旦之氣，其好惡與人相近也者幾希；則其旦晝之所為有梏亡之矣。梏之反覆，則其夜氣不足以存；夜氣不足以存，則違禽獸不遠矣（〈告子上〉）。

朱註「平旦之氣」：「謂未與物接之時，清明之氣也」。「夜氣」，朱子未加註釋，按孟子原文有「其日夜之所息」，「息」，朱註為「生長」。生長什麼呢？自然也是清明之氣。「夜氣」按字面解釋，可說是夜間所生長的清明之氣。因此，

〔註120〕見《管子・商君書》，頁220。
〔註121〕見《管子・商君書》，頁221。
〔註122〕見《宋元學案・上蔡學案》，頁176。

「平旦之氣」與「夜氣」實質上相同。

孟子所善養的「浩然之氣」，其實質也是清明的，清明才能「配義與道」；而「夜氣」、「平旦之氣」若得其養，經保存而壯大，擴充極致，自必形成「浩然之氣」。因此「夜氣」、「平旦之氣」與「浩然之氣」，就實質上說，其清明是一非二〔註123〕。

孟子注意到人的精神活動在夜裡、及黎明時分，人與物未接觸前，會產生一種純眞清明的氣，而人一旦到白晝、從事參與外界的活動，外在事物紛擾雜沓，外在環境五音惑耳、五色迷目，若無寡欲的工夫，心很難清靜。孟子認爲人白晝所作所爲、所思所念將會破壞這留存於自身的「平旦之氣」、「夜氣」，所以他說：

> 其旦晝之所爲，有梏亡之矣。梏亡之反覆，則其夜氣不足以存（〈告子上〉）。

孟子養氣的方法，主張「寡欲」與養此「夜氣」，一是白晝與物交接時的工夫，一是未與物接時的存養工夫。然而存養清明之氣，何以有時間性的選擇？古代醫學從人體生理角度所作的研究，其看法與孟子類似：

> 故陽氣者，一日而主外：平旦人氣生，日中而陽氣隆，日西而陽氣已虛，氣門乃閉。（《素問·生氣通天論》）

> 寅時面向南，靜神不亂思。閉氣不息七遍後，餌舌下津無數。（《素問·刺法論》）

同樣的觀點：「於中夜存虛」，《楚辭·遠遊》篇中也提到，其後的煉氣家論及此觀點的例子有很多，此不贅述。必須提及的是佛家對此也有相同的見解：

> 初夜後夜，常勤修習悟寤瑜伽〔註124〕。

> 初夜後夜，專精不懈，節食攝心，不令馳散〔註125〕。

此說寅時煉氣將產生極佳的功效，寅時（清晨三至五時）是一天當中最好的煉氣時間，從人體生理上，觀人身體中的氣生起時間在寅時，都與孟子所欲存養的「夜氣」，時間上拍合。

〔註123〕說法參見吳康《孟子思想研究論集》黎明，民國71.12初版，頁178。

〔註124〕見《瑜伽師地論》聲聞地，第十四卷，佛光山宗務委員會印行，1997初版，頁458。

〔註125〕見《大智度論》上，卷十七，新文豐出版社，民國75.5，再版，頁258。

肆、荀子的養生思想

一、血氣與養生

　　荀子基於其政治哲學思想，對養生提出一些主張。他的戡天思想重視人的作為，反映於其養生思想上，即是荀子所提出的：

> 養備而動時，則天不能病，略養而動，罕則天不能使之全。(〈天論〉)

其論述，說明人的行為是否具備必要之養護條件，則能決定人的身體強健或引發疾病。人若能配合天時經常活動，則身體必定強健。

　　荀子養生思想中並無超越之氣的因素，他對於養生思想最重要的解釋，在於他所說的「治氣養生」之術。他主張：

> 血氣剛強，則柔之以調和；知慮漸深，則一之以易良；勇膽猛戾，
> 則輔之以道順；齊洽便利，則節之以動止。……凡治氣養心之術，
> 莫徑由禮，莫要得師，莫神一好。(〈修身篇〉)

荀子認為治心養氣「莫徑由禮」荀子言「禮」即包含禮與樂兩者，以禮樂淨化人內在的心靈，以心靈之淳美而顯發外在的形貌。荀子認為人達修身的層次，乃連人的體氣都可以跟著轉化，當體氣轉化之後其人的形體也會跟著轉化。所以荀子說：

> 誠心守人則形，形則神，神則化。(〈不苟篇〉)

又說

> 君子之學以美其身。(〈勸學篇〉)

就是這個道理〔註126〕。荀子〈王制篇〉說：

> 水火有氣而無生，草木有生而無知，禽獸有知而無義，人有氣、有
> 生、有知，亦且有義，故最爲天下貴。

荀子認爲氣爲萬物皆共同具有，「失氣則死」（〈解蔽篇〉），氣血壅滯不通，就會出現許多病徵。〈非相篇〉中提到幾位有德之人，看來似乎不大健康：

> 葉公子高，微小短瘠，行若將不勝其衣然。……周公之狀，身如斷
> 菑。皐陶之狀，色如削瓜。閎夭之狀，面無見膚。傅說之狀，身如
> 植鰭。伊尹之狀，面無須麋。禹跳湯偏。……

其中，葉公子高出現於《莊子書》〔註127〕中，因出使齊國而患內熱病，又恐懼出使不利將受王責難，使致內外煎逼，莊子稱之爲陰陽之患與人道之患。荀子形容葉公子高的外貌細小矮瘦，走起路來好像不能負荷衣服的重量似的，透露些許葉公子高常遭內外交迫之苦楚，導致一副營養不良的樣貌。周公一身僵硬，像死掉的木頭；皐陶的面色如削皮之瓜，呈青綠色；傅說的樣子看起來像駝背，而「禹跳湯偏」一句說明了氣血不通，導致四肢與軀幹產生行動障礙的例子，《帝王世紀》記載：

> 堯命（禹）爲司空，繼鯀治水，乃勞身涉勤……手足胼胝，故世傳
> 禹病偏枯，足不相過，至今巫稱禹步是也。

禹患偏枯病，是因治水長期居處潮濕環境，而導致不利關節，《呂氏春秋·求人篇》載：

> 禹……西至三危之國，巫山之下，飲露吸氣之民〔註128〕。

可見禹平治水土，定千八百國，海外山表，無遠不至，於巫山之下得見飲露吸氣通養生術之民、教授舞步，以宣導滯塞的氣血，這種舞步爲後世巫師所效法，稱之爲「禹步」〔註129〕。因此，禹患偏枯病後，又能繼舜帝位十年，再巡狩東方。「禹步」提供了導氣、活氣，自我醫癒的好方法。

荀子亦提倡「治氣養生」（〈脩身篇〉），他說：「以治氣養生，則後彭祖」（〈修身篇〉）。莊子在〈刻意篇〉中言：

〔註126〕 參考楊儒賓主編《中國古代思想中的氣論及身體觀》，82年3月一版，頁29。
〔註127〕 見《莊子·人間世》。《莊子集釋》世界書局，民國78年，頁83。
〔註128〕 《呂氏春秋》高誘注，藝文印書館，民國63年1月三版，頁647～652。
〔註129〕 《揚子法言·重黎篇》：「昔者姒氏治水土，而巫步多禹」。《四部叢刊》，商務印書館，頁23，左下，又唐代孫思邈《千金翼方·禁經》尚保存「禹步」的真相。商務印書館，民國70年。

> 吹呴呼吸、吐故納新、雄經鳥申、爲壽而已，此道引之士，養形之
> 人，彭祖壽考者之所好也。

在春秋戰國時代，彭祖似已成爲氣功導引之代表人物，荀子並不反對人學習較技術性的導引吐納，或熊經鳥申的姿勢動作，如此使身體內部氣血運流通暢，達到能長壽養形的目的。荀子的養生思想重在貴動，〈天論篇〉曰：

> 養備而動時，則天不能病；……養略而動罕，則天不能使之全。

說明如果養生所需，如衣食之類，充足完備，而一切活動適時適度，天就不能使人生病，反之則否，又說：

> 肉腐生蟲，魚枯生蠹，怠慢忘身，災禍乃作。（〈勸學篇〉）

> 其行曲治，其養曲適，其生不傷。（〈天論篇〉）

勤健運動使人的血氣平衡通暢、永保健康，古代聖王制作，儒門傳承的舞蹈：「俯仰詘信，退進遲速莫不廉制，盡筋骨之力」（〈樂論篇〉），使身軀配合音樂而俯仰、屈伸、退進、緩急，用盡筋骨之力會合節奏，也極符合運動、養生的目的。

二、節欲、導欲與養生

血氣暢通能保肢體強健外，荀子還強調「血氣和平」。曰：
> 血氣和平、志意廣大，行義塞於天地之間、仁智之極也。（〈君道篇〉）

又說：
> 故樂行而志清，禮脩而行成，耳目聰明、血氣和平、移風易俗、天
> 下皆寧、美善相樂。（〈樂論篇〉）

荀子認爲血氣的平和或失衡，將影響個人脩身、社會風俗及治國、平天下，荀子基於政治思想，對養生提出一些主張。

先秦儒家養生的思想內容一致，有關道德倫理的修養與精神情志調養方面，在儒家養生思想中，占據了主要位置，這在中國古代養生學中是頗爲突出的。正因如此，儒家在論及養生時，多取"修身"一語，而少用"養生"的說法，就體現了偏重道德、倫理修養之意〔註130〕。

就脩身而言，荀子提出「以公義勝私欲」（〈脩身篇〉）的主張。荀子也認爲個人過多的欲望，或不正當的欲念，將有礙於修身。因此，對於外在事物

〔註130〕參考廖果《自養之道──中國古代個體差異養生學說》，明文書局，民國 82
年 9 月初版，頁 175。

的誘惑，荀子反對人爲物所役，所以採取節制的方式。荀子說：

> 故向萬物之美而盛憂，兼萬物之利而盛害，如此者，其求物也？養
> 生也？粥壽也？（〈正名篇〉）

所謂"萬物之美"、"萬物之利"，指聲、色，滋味而言，人若過分貪求享受、物欲，無限制地追求，必然導致憂患。這樣的人，對外物的追求，是養生呢？還是促壽呢？所以荀子又說：

> 故欲養其欲而縱其情，欲養其性而危其形，欲養其樂而攻其心，欲
> 養其名而亂其行，如此者，雖封侯稱君，其與夫盜無以異，乘軒戴
> 絻，其與無足無以異。夫是之謂以己爲物役矣。（〈正名篇〉）

荀子認爲縱情、養欲，終不可養，欲養其生而危其形體，則其生必促，這樣的人縱然封侯稱君，也和盜賊無別；乘軒戴冕，和窮人也沒區別。且「君子役物，小人役於物」（〈脩身篇〉），荀子反對人以尊嚴的人格而爲外物所奴役，而主張「重己役物」（〈正名篇〉）。他說：

> 心平愉，則色不及傭而可以養目，聲不及傭而可以養耳，疏食菜羹
> 而可以養口、麤布之衣、麤紃之履，而可以養體，屋室、盧庾葭、
> 蒿蓐、尚機筵，而可以養形。故雖無萬物之美而可以養樂，無埶列
> 之位而可以養名，如是而加天下焉，其爲天下多，其和樂少矣。夫
> 是之謂「重己役物」（〈正名篇〉）。

荀子主張"重己役物"，目的在"心平愉"，何況荀子認爲

> 人之情，食欲有芻豢，衣欲有文繡，行欲有輿馬，又欲夫餘財蓄積
> 之富也；然而窮年累世不知足，是人之情也。（〈榮辱篇〉）

貪求無饜是人之常情，必然心隨物轉、永無安寧，此論顯然是道家養生思想的反映。荀子在〈正論篇〉引宋子之言說：「人之情欲寡」〔註131〕，來說明人情於其所欲，是欲少而非欲多，而一般人卻以爲自己之情是欲多而不欲少，這是錯誤的觀念。

荀子雖主張節制欲望，但爲了提昇道德界而採取強忍的作法，荀子也不贊成，〈解蔽篇〉中說：

> 孟子惡敗出妻，可謂能自彊矣，未及思也；有子惡臥而焠掌，可謂
> 能自忍矣，未及好也。

〔註131〕 《荀子・正名篇》：「子宋子曰：『人之情，欲寡，而皆以己之情爲欲多，是過也』」。見《新譯荀子讀本》王忠林注譯76年5月五版，頁274。

荀子認爲欲具於性，不可能去，節制欲望之過與不及，皆有所偏，因此主張「導欲」。〈正名篇〉曰：

> 凡語治而待去欲者，無以道欲而困於有欲者也。凡語治而待寡欲者，
> 無以節欲而困於多欲者也。

凡是討論治道而主張去人民之欲，然後渴望正理平治的，都無不疏導或節制人欲，無不受人之多欲所困擾。因此荀子注意到禮義法度對人性欲望的克制與調理外，更強調人的性情欲望的安排與滿足，對於禮義法度的文明社會，有促發的作用。他說：

> 古之人……以人之情爲欲多而不欲寡，故賞以富貴，而罰以殺損也，
> 是百王之所同也…」（〈正論篇〉）

> 先王聖人……知夫爲人主上者，不美不飾之不足以一民也；不富不
> 貴之不足以管下也；不威不強之不足以禁暴勝悍也；故必將撞大鐘、
> 擊鳴鼓、吹笙竽、彈琴瑟，以塞其耳；必將雕琢刻鏤、黼黻文章，
> 以塞其目；必將芻豢稻梁、五味芬芳，以塞其口；然後眾人徒、備
> 官職、漸慶賞、嚴刑罰，以戒其心。（〈富國篇〉）。

荀子正視人之性情欲望的繁雜，並且肯定這些繁多的嗜欲，是促進文明社會的動力，所以荀子面對人性情欲，以建立禮義法度的主張，來轉化人之性情。他說：

> 凡用血氣、志意、知慮，由禮則治通，不由禮則勃亂提僈；故人無
> 禮則不生。（〈修身篇〉）

荀子〈修身〉一篇描述禮樂教化對人之性情的調養，荀子認爲唯有禮義法度可以化性成善，唯有禮義教化的社會，才可以滿足生活上一切物質與精神的需要，使生命得以安頓。

三、禮義與養生

寡欲可以讓人「心平愉」（〈正名〉），心能平和愉悅則「血氣平和」（〈君道篇〉）、（〈樂論篇〉）。荀子提出"禮"作爲「治氣養心之術」（〈脩身篇〉）之要方，來變化人的氣質、涵養人的心性。〈修身篇〉曰：

> 治氣養心之術：血氣剛強，則柔之以調和；知慮漸深，則一之以易
> 良；勇膽猛戾，則輔之以道順；齊洽便利，則節之以動止；狹隘偏
> 小，則廓之以廣大；卑濕重遲貪利，則抗之以高志；庸眾駑散，則

卻之以師友；怠慢僄棄，則鉊之以禍災；愚款端愨，則合之以禮樂、
通之以思索。凡治氣養心之術，莫徑由禮，莫要得師，莫神一好。
夫是之謂治氣養心之術也。

治氣養心不僅可以涵養性情，而且也可以改變一個人的氣質。荀子認爲無論
是血氣剛強、好與人爭之人，或是智慮深沉之人，或勇猛暴戾、容易衝動的
人，或言語行動過於敏捷的人，或器量狹隘偏窄的人，或志意卑下、性情迂
緩、貪利苟得的人，或庸俗駑下而不自檢束的人，或怠慢不謹、自暴自棄的
人，或愚誠端愨、多無文彩的人，要求治心養氣之道，莫速於由禮入手，莫
要於得賢師益友，莫不使神專一其所好，這是荀子論孝、隆禮義、重師法、
貴專一之義〔註132〕。這裡所講的"莫徑由禮"，是以禮爲養生的原則與方法，
荀子何以以禮義統帥養生？荀子在〈禮論篇〉中說：「禮者，養也」，又說：「禮
者，謹于治生死者也。生，人之始也；死，人之終也。始終俱善而人道畢矣」
（〈禮論篇〉），這是以禮義統帥養生的綱領。

荀子說：「扁善之度，以治氣養生」（〈脩身篇〉），即言禮是無往不利的法
度，是用以養生的最好方法，他說：

用血氣、意志、智慮，由禮而治通，不由禮則勃亂提慢；飲食、衣
服、居處、動靜，由禮則知節，不由禮則觸陷生疾；容貌、態度、
進退、趨行，由禮則雅，不由禮則夷固、僻違、庸眾而野，故人無
禮則不生。（〈脩身篇〉）

"禮"是人生一切活動的規範，凡人的志意的脩治、智慮的運用，甚至血氣
的調養，只要依禮而行，就條理通達；不依禮而行，就悖亂怠慢。"禮"不
僅是行爲的規範，也是思想的準則，還包括吃飯、穿衣、起居、動靜，若不
由禮便發生毛病。因此，荀子的養生思想是以"禮"爲準則的〔註133〕。

除禮以外，荀子養生思想也配之與"義"，孟子言養氣時也主張「配義
與道」（〈公孫丑〉）。荀子以禮義作爲養生之原則，他說：

孰知夫出死要節之所以養生也，孰知夫出費用之所以養財也，孰知
夫恭敬辭讓之所以養安也，孰知夫禮義文理之所以養情也，故人苟

〔註132〕注文參考李滌生《荀子集釋》，臺灣學生書局，民國83年10月七版，頁28。
〔註133〕儒家倫理觀以"禮"爲最高規範，其範圍涵蓋政治制度和社會內容，也滲透
到人們的日常生活。儒家把"禮"的觀念在養生思想中加以貫徹，如：《論語‧
鄉黨》、《儀禮》、《禮記》皆有記載有關飲食起居的禮儀，雖是爲了遵循禮制
的需要，但客觀上起了養生的效果。

> 生之爲見，若者必死；苟利之爲見，若者必害；苟怠惰偷懦之爲安，
> 若者必危；苟情說之爲樂，若者必滅。故人一之於禮義，則兩得之
> 矣；一之於情性，則兩喪之矣」。（〈禮論篇〉）

荀子認爲貪生怕死，是人的本性，守死要節是禮義之行。然而禮義行正才能夠養生安身，講求恭敬辭讓之禮，使社會秩序安定，正所以養其安佚，放縱情性，將不知其所止。惟有遵循禮義文理之節制情感，才可以得到正常地抒發，遵循禮義文理的節制，正所以養其情性。所以禮義可能調和自身諸多情緒的衝突。凡事完全取則於禮義，則禮義情性兩得其正，完全順從情性，則禮義情性兩喪其正。荀子又說：

> 所以養生安樂者，莫大乎禮義。人知貴生樂安而棄禮義，是猶欲壽
> 而殀頸也，愚莫大焉。（〈彊國篇〉）

荀子以禮義統帥情性，則二者兼具，否則二者俱滅。荀子推許禮義，爲一切行爲活動的準則，是了解到人容易受所處的環境影響，習俗可以轉移人的志向，安之即久，就能變化人的氣質。所以說：

> 習俗移志安久移質。（〈儒效篇〉）

> 長遷而不復其出其化。（〈不苟篇〉）

> 居越而越，居夏而夏，是非天性，積靡使然也。（〈儒效篇〉）

《春秋繁露》也說：「積習漸靡，物之微者也，其入人不知，習忘乃常然」〔註 134〕。都說明人受環境影響，不知覺中移轉了原來的性情，人服習於風俗習慣，人人若以禮義爲宗，則「身日進於仁義而不知」〔註 135〕。荀子也提出當世的亂象以爲警告：

> 今世俗之亂君，鄉曲之儇子，莫不美麗姚冶，奇衣婦飾，血氣態度
> 擬於女子〔註 136〕。

無裨於國亡身殺，荀子注意到環境對於人的各種無形漸染的嚴重影響。荀子提出「性者，本始才朴也。」（〈禮論篇〉）提出禮義使人「身日進於仁義而不自知也。」（〈君子篇〉）

〔註134〕見《春秋繁露·天道施》卷十上，《四庫叢刊·經部》，商務印書館，頁 95
右下。

〔註135〕〈性惡篇〉云：「身日進於仁義，而不知者靡使然也。」見《新譯荀子讀本》，
頁 352。

〔註136〕〈樂論篇〉亦云：「亂世之微，其服組，其容婦，其俗淫。」《新譯荀子讀本》，
頁 308。

四、音樂與養生

孔子論學曰：「興於詩，立於禮，成於樂。」〔註137〕孔子重禮重樂，主張以禮樂治天下。由禮，用以建立社會秩序。由樂，用以調和人情。禮樂兼施可以形成人群的和諧，發揮教育的功能。荀子特別重視音樂的功能以單篇專寫樂論，雖是針對墨子「非樂」而發，但他明瞭音樂有助於人的精神情志的諧調。人外在的音樂動靜，內在的性情變化，皆可包涵於音樂之中。他說：

> 夫樂者，樂也。人情之所必不免也，故人不能無樂，樂則必發於聲
> 音，形於動靜，而人之道聲動靜，性術之變盡是矣。(〈樂論〉)

又說：

> 故人不能不樂，樂則不能無形。(〈樂論〉)

人有快樂的時候，有了快樂就不能不表現於外，因快樂而表現於外的方式之一就是「發於聲音」，相比成文就是樂了。音樂即是人體內氣的某種鼓盪轉為頻率可被聽聞，且有旋律的空氣震動，而某種鼓盪喜怒哀懼等，乃人所共見的。因此一位音樂作者很容易透過他的聽眾的感受力，在對方生理心理層面上引生和自己那種鼓盪質量都近似的反應，情緒恰當與否也就和音樂倫理品質的良窳存在著交互影響的關係〔註138〕。荀子說：

> 先王惡其亂也，故制雅頌之聲以道之，使其聲足以樂而不流，使其
> 文足以辨而不認，使其曲直繁省廉肉節奏，足以感動人的善心使夫
> 邪淫之氣無由得接焉。是先王立樂之方也。(〈樂論〉)

先王制作雅頌的樂章，可以使人快樂而不至於放蕩不檢，樂聲和迴旋或放直，繁複或簡省，清脆或渾厚，作或止的節奏，可以激發人的善心，使人的心靈接觸不到邪淫之氣。荀子完全贊同先聖制樂的主張，進一步說明音樂感人能直入人心靈深處，變化人的氣質也最快〔註139〕。樂聲中正和平，則人心無所陷溺，和敬而不放蕩；樂聲若肅穆莊嚴，則人心不生鄙賤之思，齊一而不紛亂；樂聲若妖豔邪污，則人心陷溺於聲色而生鄙賤之思；人心陷溺則悖亂，思念鄙賤則爭奪。所以他說：

> 樂中平則民和而不流，樂肅莊則民齊而不亂。……樂姚冶以險，則

〔註137〕見《論語・泰伯》，世界書局，民國79年8月31版，上論卷四，頁51。
〔註138〕參考朱曉海著《中國古代思想中的氣論及身體觀》之〈荀學一個側面氣的初步摹寫〉，巨流圖書，民國83年3月一版，頁462。
〔註139〕見〈樂論〉：「夫聲樂之入人也深，其化人也速，故先王謹為之文。」《新譯荀子讀本》，頁306。

　　民流僈鄙賤矣；流僈則亂，鄙賤則爭。（〈樂論〉）

因此，荀子分音樂為奸聲與正聲，他認為：

　　凡是奸聲感人而逆氣應之，逆氣成象而亂生焉；正聲感人而順氣應

　　之，順氣成象而治生焉。唱和有應，善惡相象，故君子慎其所去就

　　也。（〈樂論篇〉）

「逆氣」是指悖亂的心理，「成象」是具體的行為。也就是說不正當的聲音刺
激，便會引起悖亂的心理反應，是造成暴亂的來源；而人心相應於中正和平
的樂聲，則心裡和順平靜。奸音則與惡心相應和，正聲則有善心應和，因此
奸音正音會形成惡行或善行。不同的音樂對人造成心理生理上的不同影響，
所以對於音樂的選擇必須謹慎。荀子說：

　　凡治氣養心之術，莫徑由禮。（〈脩身篇〉）

又說：

　　足以感動人之善心，使夫邪淫之氣無由得接焉，是先王立樂之方也。

　　（〈樂論篇〉）

治氣養心管道在於禮，中正平和的樂章可以避免人的心靈接觸邪淫之氣，激
發人的善念，樂的功能在治氣養心的過程中，形成輔助的效用，孔子並重禮
樂的教化，荀子亦同。他說：

　　且樂也者，和之不可變者也；禮也者，理之不可易者也，樂合同，

　　禮別異，禮樂之流，管乎人心矣。（〈樂論篇〉）

此言禮樂相互的作用，樂屬於人情感的抒發，禮是立於理智的基礎所外發表
現出誠敬的情操。一屬情感，一屬理智。人心不外理智與情感二者，所以荀
子說禮樂的性能管包了人心，而透過禮樂的教化，二者得其平衡、人心得其
平衡，使人感官得其正，血氣自然平和，性情得以涵養則潛移默化了外發的
氣質。荀子提倡禮樂教化，理由是禮所對治的是「欲」；樂所對治的是「情」，
情欲皆屬於「性」，荀子既主性惡，自然重視「禮樂」的教化。因此，荀子言
樂的存在，有寓教於樂的作用。他說：

　　故樂在宗廟之中，君臣上下同聽之，則莫不和敬閨門之內，父子兄

　　弟同聽之，則莫不和親；鄉里族長之中，長少同聽之，則莫不和順。

　　故樂者審一以定和者也，比物以飾節者，合奏以成之者也。（〈樂論

　　篇〉）

音樂有「和」的效用，音樂審定一個基調，眾聲以此為準而求其和諧，人身

置和諧的樂聲中心中，悠然寧靜氣息平順，暴戾之氣自然無所起，所以用之
軍事則有文武兼修之效。

> 故樂者，出所征誅也，入所以揖讓也；征誅揖讓其義一也。（〈樂論
> 篇〉）

音樂用之於軍旅，可以征誅有罪，音樂可以消人鄙吝，廣人心志，故用之於
宗廟，則使人揖讓不爭。

　　荀子下列諸論述都說明音樂影響人的性情：「足以感動人之善之，使夫邪
淫之氣無由得接焉。」（〈樂論篇〉）；「耳目聰明，血氣和平。」（〈樂論篇〉）；
「正聲感人而順氣應之。」（〈樂論篇〉）；「樂姚冶以險，則民流僈鄙賤矣，流
僈則亂，鄙賤則爭。」（〈樂論篇〉）或「鄭衛之音使人心淫。」（〈樂論篇〉）。
就養生觀點而言，認為樂相對於人之氣有著感應的現象，也肯定音樂對養生
的功效。後世晉人嵇康進一步說明音樂在導氣養神上的功效，所論與荀子相
同。他說：

> 物有盛衰而此不變，滋味有厭而此不倦；可以導神養氣，宣和情志。
> 處獨窮而不悶者，莫近于音聲也〔註140〕。

音樂本可陶養性情，荀子匡之以禮在樂中以養心、養德、養生。因此後世儒
者論及賞樂操琴，也都從道德教化上來立論。如明代高濂說：

> 琴者，禁也。禁止於邪，以正人心。……韻中成文，謂之為音。故
> 音之哀樂、邪正、剛柔、喜怒，發乎人心，而國之理亂，家之廢興，
> 道之盛衰，俗之成敗，聽於音聲可先知也，豈他樂云乎？〔註141〕

在儒家把音樂的作用看得和禮同等重要，制禮與作樂都是國家大事，因為音
樂由民間形成〔註142〕。音樂又可以改變民風，這是音樂教化作用的理論根據。

　　荀子建立禮義法度，以轉化人的性情，提倡禮樂教化以調養人的性情，
荀子說：「凡用寫氣志意知慮由禮則通，不由禮則勃亂提僈。」（〈脩身篇〉）
而禮義法度可以用來涵養「知慮」，因此荀子說：「知慮漸深，則一之以易良。」
（〈脩身篇〉），禮樂教化亦可涵養人的「志意」，荀子就這一點也說：「聽雅頌
之聲而志意廣焉。」（〈樂論篇〉），禮義法度同樣也可以涵養人的血氣：「血氣

〔註140〕見《嵇中散集・卷二・琴賦》，《四部叢刊・集部》，文物出版社，頁9，左下。
〔註141〕見高濂《遵生八箋・論琴》，四庫全書珍本第六集，頁69。
〔註142〕《呂氏春秋・音初》曰：「凡音者，產乎人心者也。是故聞其聲而知其風，察
　　　　其風而知其志，觀其志，而知其德。」《四部叢刊》，季夏紀第六凡五篇卷第
　　　　六，頁37，左上，文物出版社。

剛強，則柔之以調和。」（〈脩身篇〉）人的志意得到修養，人之性情便可以得到轉化，禮義法度與禮樂教化涵養人的知慮、志氣與血氣，乃是三層平行進行的〔註143〕。荀子說：「血氣和平，志意廣大」（〈君道篇〉）必然「知慮清明」（〈君道篇〉）。又說「樂行而志清，禮脩而行成，耳目聰明，血氣和平移風易俗，天下皆寧，善善相樂。」（〈樂論篇〉）

　　荀子強調禮樂教化能使人的知慮、志意、血氣，得以正理平治，也就成就了善。但人假使如〈性惡篇〉所說：「縱性情，安恣睢，而違禮義。」知慮、志意與血氣必然不清明、不廣大、也不和平，則天下不寧，即由此生。人只有在禮義法度的安頓下與禮樂教化之中，人性之善始有發露的可能，無此涵養則惡必然生。荀子對人性的看法也包涵於此，基於此荀子對於此種教化調養人之性情轉化成善的描寫是：

　　　　君子貧窮而志廣，富貴而體恭，安燕而血氣不惰，勞勤而形貌不枯，
　　　　怒不過奪，喜不過予。（〈脩身篇〉）

　　　　志意致修，德行致厚，智慮致明，是天子之所取天下也。（〈榮辱篇〉）

　　　　若夫志意修，德行厚，智慮明，生於今而志乎古，則是在我者也。（〈天
　　　　論篇〉）

荀子說：「禮者所以正身也」〔註144〕，又說：「國之命在禮」。荀子將個人修身內聖的工夫與外王事功以「禮」來貫串，依荀子他主張「正身安國」〔註145〕，個人修身至治國則全然禮制化了。

五、養心虛壹而靜

　　前述荀子言人之血氣、志意、知慮三方面，須以禮義法度、禮樂教化來涵養，人心的知慮是人的性情最清明的表現，可以指導人心理上的志意與生理上的血氣。荀子認為：

　　　　心者，形之君也，而神明之主也，出今而無所受令三是之則受，非
　　　　之則辭。（〈解蔽篇〉）

心獨立自主，可支配一切。〈天論篇〉稱之為「天君」（莊子稱為「真宰」）是

〔註143〕見王慶光〈荀子解蔽篇新詮〉《中興大學中文學報》，第二期，1989 年 1
　　　　月。
〔註144〕〈樂論篇〉：「貴賤明，隆殺辨，和樂而不流，弟長而無遺，安燕而不亂。此
　　　　五行者足以正身安國矣。」《新譯荀子讀本》，頁 308。
〔註145〕同上註。

人自然的主宰。

荀子認爲心有認識道的作用，他說：「人何以知道？曰：心」（〈解蔽篇〉）而心如何知道？荀子說：「虛壹而靜」（〈解蔽篇〉）。知道的關鍵在於「虛壹而靜」，荀子在〈解蔽篇〉中說明何謂「虛壹而靜」。荀子說：

> 心何以知？曰：虛壹而靜，心未嘗不臧也，然而有所謂虛，心未嘗
> 不兩也，然而有所謂壹，心未嘗不動也，然而有所謂靜。（〈解蔽篇〉）

「虛」，虛心。壹，專一。「靜」，靜心，此三者是人心的特性，也是工夫。以此三種工夫清明心體，就能「知道」。荀子解釋說，心能收藏由感官所得到的一切感覺，能收藏無限的作用，所以有「虛心」之說。心同時可以兼知不同事物，然而有所謂專一之說，又言心永遠活動不停，然而有靜心之說，此段說明心的特色。他進一步說明：

> 人生而有知，知而有志；志也者，臧也；然而有所謂虛不以所已臧
> 害所將受謂之虛。心生而有知，知而有異；異也者，同時兼知之；
> 同時兼知之，兩也；然而有所謂一；不以夫一害此一謂之壹。心臥
> 則夢，偷則自行，使則謀；故心未嘗不動也；然而有所謂靜；不以
> 夢劇亂知謂之靜。未得道而求道者，謂之虛壹而靜。（〈解蔽篇〉）

此段荀子指出「虛壹而靜」的工夫和方法，心如何虛？不以所已臧害所將受謂之虛，也就在認識事物之時，要排除固有的成見，即能達到「虛」。何謂壹？不以夫一害此一謂之壹，即認識事物時全神貫注不使「此」而干擾「彼」，心力分散，則一事無成，此「壹」即言凝神專注之意。何謂靜？不以夢劇亂知謂之靜，「夢劇」是胡思亂想的雜念，禪宗《六祖壇經》說：「本性自定自淨只爲見境思境則亂」「思境」即「夢」「見境」即劇「夢」是自起的雜念，「劇」是他起的雜念。而所謂靜，是指勿使雜念擾亂心的知慮思辨的作用〔註146〕。

荀子提出「虛」「壹」「靜」顯然承襲老子、宋鈃、尹文而來。

《老子16章》：「致虛極，守靜篤，萬物並作，吾以觀其復。夫物芸
芸，各復歸其根。」

《老子22章》：「聖人抱一而爲天下式。」

《老子10章》：「營魄抱一，能無離乎？專氣致柔，能嬰兒乎？滌除
玄覽，則無疵乎？」

〔註146〕注文參考李滌生《荀子集解》，頁471。

　　從治氣養生的角度看來，老子所言「虛」與「靜」是治氣的工夫。〈16 章〉云：「守靜篤」。帛書本老子作「作靜督也」。與莊子所說「緣督以爲經，可以保身，可以全生，可養親，可以盡年。」〔註147〕相似。老子提出虛靜自守，收心養神的具體方法，除了「塞其兌閉其戶」〔註148〕外還採用「專氣」〔註149〕、「抱一」〔註150〕、「滌除玄覽」〔註151〕等步驟。此處「抱一」之一字散在宇宙則指道，其在人身則亦指神而言〔註152〕，即指精神專一。

　　而宋鈃尹文承繼老子「虛」、「壹」、「靜」的治氣方法：

　　　　修之此，莫能虛矣。虛者矣藏也〔註153〕。（〈管子‧心術篇〉）

　　　　虛其欲，神將入舍，掃不潔，神乃留處〔註154〕。（〈管子‧心術篇〉）

　　　　毋先物動，以觀其則，動則失位，靜乃自得〔註155〕。（〈管子‧心術篇〉）

又說

　　　　去欲則寡，寡則靜矣；靜則精，精則獨立矣；獨則明，明則神矣〔註156〕。（〈管子‧心術篇〉）

宋、尹所說的「虛」即排除主觀成見及嗜欲，保持內心的虛靜。「舍」指的是心。宋、尹認爲唯有排除雜念，心靈才能保持神智清明〔註157〕。荀子承繼在後，提出「虛壹而靜」治氣凝神的工夫。並且進一步強調說：

　　　　未得道而求道者，謂之虛壹而靜，作之則。將復道者，虛則入；將事道者，壹則盡；將思道者，靜則察。（〈解蔽篇〉）

這段話大意是說，對於未得道而想求道的人，則告之虛壹而靜的方法，做爲

〔註147〕見莊子〈養生主〉，《莊子集釋》，郭慶藩編，萬卷樓，民國 83 年 3 月初版，頁 115。

〔註148〕老子 52 章，《老子探義》，王淮注釋，商務印書館，民國 79 年 12 月九版，頁 205。

〔註149〕老子 10 章，《老子探義》，頁 41。

〔註150〕同上註。

〔註151〕同註 149。

〔註152〕參見錢穆，《莊老通辨》，東大圖書，民國 80 年 12 月初版，頁 252。

〔註153〕見《管子‧商君書》，世界書局，民國 79 年 6 月，頁 219。

〔註154〕見《管子‧商君書》，頁 219。

〔註155〕同上註。

〔註156〕同上註，頁 220。

〔註157〕參考張榮明《中國古代氣功與先秦哲學》，桂冠圖書，1992 年 1 月初版，頁 200。

求道的工夫。若用虛壹而靜之心求道，則求道的人可由虛心而入道，使心靈保持「虛」的狀態，就可以接納道。想要學習道的人能專心一志而能窮盡道之極，想要研究道之人可由靜心而通明道之理。那麼由此「虛壹而靜」的工夫實踐之後，將呈現何種境界？荀子回答說：

> 知道察，知道行，體道者也。虛壹而靜，謂之大清明。（〈解蔽篇〉）

認識道而能明通能實踐這是能行道的，能以虛壹而靜的工夫實踐力行者，能得「大清明」的境界。「大清明」之心，是心的修養最高境界，這是以虛壹而靜的工夫明道後的心靈境界，而這種大清明之心是聖人之心。錢穆先生言：

> 用心精一，而使心知達於神明，斯爲聖人矣。此種心知境界，分析
> 言之不外曰虛、曰靜、曰壹、曰清明〔註158〕。

「大清明」是心靈極澄澈之境地，一旦達到「大清明」的境界，就能如荀子所說：

> 萬物莫形而不見，莫見而不論，莫論而失位。坐於室而見四海，處
> 於今而論久遠，疏觀萬物而知其情，猜參稽治亂而通其度，經緯天
> 地而材官萬物，制割大理而宇宙裏矣。（〈解蔽篇〉）

大清明者，不出戶天下事無不知，居今世而古昔之事無不聞，聞見不受時空的限制〔註159〕。亦能通觀萬物而知其情理，參考治亂而知其制度，觀察敏銳，能由現象而知其本質。又言大清明者，經理天地而裁成萬物，並能善用，這些都是荀子描寫「大清明」之心的功能。除此之外荀子說具有大清明之心的人，亦能通於神明。他說：

> 恢恢廣廣，熟知其極？羣羣廣廣，熟知其德？涫涫紛紛，熟知其形？
> 明參日月，大滿八極，夫是之謂大人。夫惡有蔽矣哉！（〈解蔽篇〉）

荀子說大清明者的人格，大至人不知其極；而其德，則大至人所不能知光輝與日月同曜，智慧充滿八方極遠之處。

　精神上保持虛靜專一，即能達大智慧之境地。荀子說：「心是神明之主」（〈解蔽篇〉）。用心專一，能通神明，荀子所謂「闢耳目之欲，遠蚊之聲。」（〈解蔽篇〉）皆指內心專一，用心之精而言，是一種凝神的工夫，這裡的神

〔註158〕見錢穆《莊老通辨》之〈釋道家精神義〉，東大圖書公司，民國80年12月初
　　　　版，頁217。
〔註159〕老子〈47章〉亦言：「不出戶，知天下；不窺牖，見天道。」《老子道德經》，
　　　　頁103。

字亦指心知作用而言。錢穆先生說：

> 凝於神，即是使心知凝聚，則仍謂是用心專壹也。用心專壹，使心知凝聚，而人心功用乃可達至於一種最高境界，此即謂之神〔註160〕。

然而莊子於〈達生篇〉亦言專一凝神，莊荀二家有何不同？錢穆先生有精闢見解：

> 惟達生篇用意，所由異於荀卿者，達生篇即以痀瘻丈人之專壹用心於承蜩而謂此亦是道；荀子則不認空石之人之專一用思於射者而謂其即是道，乃謂此等用心僅屬人事小技，故亦可謂之是人心。人心之運用，雖其極達於警惕悚動，亦僅可謂之危，而不得謂之微。用心危者，其事顯見，尚為人所易知，因其就於事而動其心，尚有跡可尋，有隙可窺，故曰危矣而不得曰微也。惟能用心於道，如思仁，乃與思射異。思仁不因事而轉動，既無跡可尋，亦無隙可窺，中庸之所謂「無聲無臭，純亦不已」，庶乎近之。故不僅是危，又且是微。因人所不知，故獨始微矣。易大傳亦曰：「思之思之，鬼神通之」。鬼神通之即猶莊子外物篇之所謂凝於神。惟一則以思射思承蜩者皆為道，而一則必以思人思義者始是道。一則以此等用心工夫為聖人，而一則以此用心工夫為神人。……此即道心人心之所由判。此亦是儒道疆界一分別所在也〔註161〕。

荀子闡述「虛」、「壹」、「靜」後能進入「清明」，人心「清明」則產生「通於神明」之智慧。與佛家「定能生慧」之觀點相似〔註162〕，然不同在於荀子將心專一定於道，此道在思仁，以理萬事治萬民，仍屬政治。養心專一於道，至精微之境而心化於道，不使異端蔽之，內外安榮惟人但見其外，不知其內〔註163〕。因此，荀子說人心就如同槃中之水，不去搖動而擾亂就可照見人細微的鬚眉，這就是「清明」〔註164〕。此處在莊子亦有同樣的議論，莊子〈天道〉曰：

〔註160〕同註32，頁194。
〔註161〕見錢穆《莊老通辨》之〈釋道家精神義〉，頁195。
〔註162〕《禪源諸詮集都序》：「禪定一行，最為神妙，能發起性上無漏智慧，一切妙用，萬德萬行，乃至神通光明，皆從定發。」，宗密編，佛光出版社，民國85年初版，頁22。
〔註163〕見荀子〈解蔽篇〉：「處一危之，其榮滿側；養一之微，榮矣而未知。」《荀子集解》，頁317。
〔註164〕荀子〈解蔽篇〉：「故人心譬如槃水，正錯而勿動，則湛濁在下。而清明在上，則足以見鬚眉而察理矣。」《荀子集解》，頁317。

聖人之靜也，非曰靜也善。故靜也；萬物無足以鐃心者，故曰靜。

水靜則明燭鬚眉，平中淮，大匠取法焉。水靜猶明，而況精神？

荀子接著說：

心亦如是矣故：導之以理，養之以清，物莫之傾，則足以定是非決嫌矣。（〈解蔽篇〉）

楊倞《荀子注》曰：「清，謂沖和之氣」。「養之以清」即保養一股沖和之氣，顯然此處也受老子的影響〔註165〕。老子認為宇宙萬物的產生過程，是由道化生出混沌之氣，氣化生陰陽之氣，陰陽之氣化生天地人進而化生萬物。萬物都內在地包含著陰陽二氣，陰陽二氣的交感運動使萬物協和生長。老子的氣即是一，是宇宙混沌未分的氣。而所謂沖氣則是不停地運動的陰陽之氣〔註166〕。荀子承襲老子陰陽之氣交感運動的思想，認為：

天地合而萬物生，陰陽接而變化起。（〈天論篇〉）

列星隨旋，日月遞炤，四時代御，陰陽大化，風雨博施，萬物各得其和以生，各得其養以成。（〈天論篇〉）

天地陰陽二氣的交感合和，產生天地萬物，引起事物的運動變化。星辰運轉，晝夜交替，四季循環，風雨雷電激發博施，都是陰陽運動變化的結果。天地陰陽的變化有其常道，對於社會人事而言，荀子認為要取得政治的成功，使天下太平，必須認識天地、陰陽、四時的運轉規律，就可以預見自然界的變化，從而為生產和生活服務。而在個人修身的治氣養心之術方面，荀子認為順從陰陽之氣的變化規律來修養身心，這便是治氣養心。通過調治體內的陰陽之氣，使其變化合于常，達到內心血氣和，明達萬物，而成為聖人君子〔註167〕。

對荀子而言心是「血氣之精也，志意之榮也」〔註168〕。心有知道的功能，也是達「成人」的關鍵，荀子認為成為成德的君子，才是生命的價值所在。所以荀子說：

生乎由是，死乎由是，是之謂德操。德操然後能定，能定然後能應。

能定能應夫是之謂成人。（〈勸學篇〉）

關於生死荀子說「人之命在天」（〈天論篇〉〈強國篇〉各一見），「死生者命也」

〔註165〕老子〈42章〉亦言：「道生一，一生二，二生三，三生萬物。萬物負陰而抱陽，沖氣以為和。」《老子道德經》，頁174。

〔註166〕參見張立文主編，《氣》，中國人民大學出版社，1990年12月一版，頁33。

〔註167〕同上註，頁29～30。

〔註168〕見荀子《賦篇》，《荀子集解》，頁372。

（〈宥坐篇〉）。人的生命價值並不在於長短，生命的「長生久視」〔註169〕或「以養生爲已至道」〔註170〕是庶民百姓的理想，並不是成德君子所關注的人生目標。

〔註169〕荀子〈榮辱篇〉：「是庶人之所取煖衣飽食，長生久視，以免於形戮也。」《荀子集解》，頁85。

〔註170〕荀子〈儒效篇〉：「以養生爲已至道，是民德也。」《荀子集解》，頁123。

伍、老子的養生思想

一、養神非養形

　　老子書五千言，並未將養生問題，如莊子般立一篇章做爲重要發揮之議題，《老子‧50 章》有言：

> 出生入死，生之徒十有三，死之徒十有三，人之生，動之死地，十有三，夫何故？以其生生之厚。蓋聞善攝生者，陸行不遇兕虎，入軍不避甲兵，兕無所有投其角，虎無所措爪，兵無所容其刃。其何故，以其無死地。

當人「常德不離，復歸於嬰兒」（28 章）後，便可不受外物侵擾、內心和明，己身因而得以全長，這不是以生爲務而得致的，而是自然無爲的結果，益生反而有損於生，所以老子說：「無以生爲者，是賢於貴生」（75 章）。人以其生生之厚，反而入於死地，戕其生以益其生，以加自速其死，

> 生之徒就是益生之徒，養其凡軀，以圖壽考者。死之徒，即汩欲忘形，火馳不返，處死地而猶不知死者。人之生動之死地，就是嗜欲戕生，無所避忌，明知死地，而故趨之。此三種人各佔總人數十分之三，則所謂善攝生者，才佔十分之一。此三種人，無論他事實上是戕生是益生，但在他們自己都是欲求自厚其生。故曰：『夫何故？以其生生之厚？』如此，雖厚而不能謂之善攝生〔註 171〕。

老子又說：「益生曰祥」（55 章），王弼注曰：

〔註 171〕　見胡哲敷，《老子哲學》，中華書局，民國 82 年 3 月六版，頁 172。

－53－

> 善攝生者，無以生爲生，故無死地也。……故物，苟不以求離其本，
> 不以欲渝其眞，雖入軍而不害，陸行而不犯，可也，赤子之可則而
> 貴，信矣〔註172〕。

王弼闡釋《老子》處常道以養生之觀點，養生之終極目的在於長生，而老子
提出長生久視之道，則在於無爲入道，因此老子說：「無遺身殃，是謂習常」
（52章）。

老子主張無爲入道，在實際生命中，人摒棄「爲學日益」的方式，而以
「塞其兌，閉其戶」、「抱一」、「專氣」、「滌除玄覽」、「綿綿若存，用之不勤」
的方式入於道，在與道冥合的進程中，也得到養生的方法，而能源久視長生。
然而老子提出無爲的修養，如何能導致現實生命的保固長生？其關鍵則在於
「氣」，老莊以「氣」作爲一切生命的原質〔註173〕。

杜正勝先生認爲《老子·59》章的「深根固柢」也可以從生理的構造上，
視爲調息的工夫〔註174〕，楊儒賓先生認爲《莊子》中的「緣督以爲經」（〈養
生主〉）及「眞人之息以踵」（〈大宗師〉）都是調攝眞氣的實際工夫。

在《黃帝內經》中《素問》之〈上古眞論〉和《靈樞》之〈天年〉篇中，
將人生命現象的發展，都歸於氣的作用。楊儒賓先生據《內經》所述，認爲
眞氣爲人本受之於天的先天之氣〔註175〕，保養這眞氣以通天，便可獲得長生
久視的效果。

老子以無爲的修養方法，在精神上的修養，產生了心靈與肉體同時淨化
的作用，此淨化的作用足以導致強身、延壽的效用。

道家老、莊之思想爲後世神仙家、煉氣家作爲修煉攝生、以求不死及長
生的根據，老莊精神修養具有實際的生理意義，即其所述的修養工夫，可落
實爲生理上的養生技術，然而道家老、莊思想，其層次屬於精神境界。後世
以老莊思想作爲追逐肉體的長生，吹呴呼吸，爲壽而已的目的，此類道引之
士、養形之人，則將此思想「俗化」了。

〔註172〕 見樓宇烈校釋《老子周易王弼註校釋》，台北，華正，1981年9月，頁145。
〔註173〕 《老子·42章》：「道生一、一生二、二生三、三生萬物，萬物負陰而抱陽，
　　　　沖氣以爲和。」見《老子道德經》王弼注，紀昀校訂，文史哲出版社，民國
　　　　79年後，頁96。
〔註174〕 參考杜正勝先生，〈從眉壽到長生〉，台北中央研究院歷史語言研究所講論會
　　　　稿，1989年11月6日，頁79～81。
〔註175〕 見楊儒賓《中國古代天人鬼神交通之四種類型及意義》，臺大博士論文，1987
　　　　年6月，頁98～99。

二、少私寡欲，虛靜自守

對於道家老、莊思想而言，無欲無求乃是人生之極境，要做到無所爲而爲的凝神專注，首要條件即是要排除欲望的干擾，當吾人凝神專一於某事物時，一旦擺脫現實世界關於效用、功利等觀念的羈絆，一旦除去與自身利益相關之好惡、愛憎之情，即能將全部身心，完全沉浸到所關注的對象之中，這種不帶目的、不帶欲望的直覺體驗，即是老、莊所推崇的心境。

《老子‧第3章》說：

> 不尚賢，使民不爭；不貴難得之貨，使民不爲盜；不見可欲，使心不亂，是以聖人之治，虛其心、實其腹、弱其志、強其骨，常使民無知無欲，使夫知者不敢爲也，爲無爲則無不治。

河上公注：

> 賢謂世俗之賢，辯口明文，離道行權，去質爲文也。不尚者貴之以祿，不貴之以官。不爭功名，返自然也。人君不御好寶，黃金棄於山，珠玉捐於淵。上化清淨，下無貪人。放鄭聲、遠美人，不邪淫、不惑亂，聖人治國與治身同也，除嗜欲、去亂煩，懷道抱一，守五神也，和柔謙讓，不處權也，愛精重施，髓滿骨堅，反樸守淳，思慮深，不輕言，不造作，動因循，德化厚，百姓安〔註176〕。

老子重視以無知無欲的心境，去設計治國理民的理想社會。他認爲統治百姓最理想的方法，是教育百姓保持無企無求的心境，所以他說：

> 聖人之治，虛其心、實其腹、弱其志、強其骨。常使民無知無欲。（第3章）

王淮師解釋說：

> 強本者何，歸眞返樸是也；節用者何，少私寡欲是也；少私、則反身內誠，而德性圓滿，所謂「實其腹」也；寡欲、則不役於物，而無欲則剛，所謂「強其骨」也；歸眞、則不師成心，而清明澹泊，所謂「虛其心」也；返樸、則與世無爭，若畏四鄰，所謂「弱其志」也〔註177〕。

這即是讓百姓撇開貪欲、奢求、智巧、詐僞，爲內心深處做工夫，避免奔競

〔註176〕見《老子河上公注斠理》，鄭成海著，臺灣中華書局，民國60年5月初版，頁19～25。
〔註177〕見《老子探義》，王淮注釋，臺灣商務印書館，民國79年12月九版，頁17。

於物欲之中，而迷失了人原本素樸的本質。

　　《老子·9章》：「持而盈之，不如其已，揣而銳之，不可長保，金玉滿堂，莫之能守，富貴而驕，自遺其咎，功成、名遂、身退、天之道」。

　　《老子·12章》：「五色令人目盲，五音令人耳聾，五味令人口爽，馳騁田獵，令人心發狂，難得之貨，令人行妨，是以聖人爲腹不爲目，故去彼取此」。

　　《老子·19章》：「見素抱樸，少私寡欲」。

　　《老子·29章》：「是以聖人去甚、去奢、去泰」。

老子主張人當抱素守眞，不尙文飾，人無私欲，自當知足，除去貪淫聲色，除去追逐服飾飲食之精美，及追求宮室臺榭廣居之心，心常處中和，行無爲，則天下自化。若否，則嗜欲傷神，財多累神，富貴憐賤，反而驕恣，禍患不能避。貪淫好色，則傷精失明，五音亂耳，則和氣去心；人嗜五味於口，則口亡、失於道味；人的精神好靜，馳騁競逐於獵物，精神散亡，必使人心狂亂。而金銀珠玉，心生貪欲，不知厭足，則行傷身辱，因此聖人守五性、去六情、節志氣、養神明，目不妄視，妄視則洩精於外，去彼目之妄視，取此腹之養性〔註178〕。

　　老子以水爲喻，水之勢若過份盈滿，則易傾溢。鋒芒太露，則易遭挫折。人立身處世，萬不可聲勢過盛，鋒芒太露。當沖虛爲體，謙卑爲用。若功名成就，尤當急流勇退，此乃自然之常道。而五色、五音、五味、馳騁畋獵、難得之貨，皆喻外物足以傷害德性，以是對於一切事物的看法不可偏執，不固執不勉強一切因任自然。

　　在《莊子》書中也具體分析阻撓吾人進入無企、無求精神境界的二十四個障礙，他說榮貴、富有、顯赫、威嚴、名譽、利益六種欲望，擾亂人的意志；容貌、意志、動作、顏色、辭理、氣息、情意六種表情與外貌束縛心靈；厭惡、欲望、喜愛、憤怒、悲哀、快樂六種情緒，拖累了人的德行；去捨、從就、取得、賦予、知慮、能力等行動意向，阻礙了人的大道〔註179〕。

　　老子、莊子都認爲，如果人一味地貪婪，那麼馳騁於此人心靈中的客觀事物，就會被區別爲能否滿足貪欲的事物。如果人心一味地恐怖、倉惶，那

〔註178〕見《老子河上公注斠理》，頁19。
〔註179〕見《莊子集釋》，世界書局，民國87年10月12版，頁351。

麼奔競於人心靈中的客觀外界，就會成為加重人們恐懼的景象。由於人受貪婪、恐懼等欲望和情緒去把握世界，他們就會把貪婪和恐懼的色彩賦予了世界，如此便將貪婪和恐懼視為世界的本質。若將自身的欲望和情緒投射於外在世界，就使世界喪失了純真的面目，而成為受主觀情緒主宰的世界，心靈的純淨無瑕，素樸自然是認識事物的先決條件。老子重視心靈的虛靜，非常重視欲望對於心靈的攪擾，提出此看法而用心於政治上，即以治心養神、虛靜無為之道用之於治國救世〔註180〕。

老子認為捨去一切欲望，與外界事物給予人帶來的誘惑，是回歸淳樸過程的基本條件與方法。從正面來說，即是「治人事天，莫若嗇」（59 章），要愛惜寶貴的精氣，保持純素的本性，以蓄養天賦的生命。老子又說：

> 塞其兌、閉其戶，終身不勤。開其兌、濟其事，終身不救。見小曰明，守柔曰強。用其光，復歸其明，無遺身殃，是謂習常。（52 章）

河上公注解為：

> 目不妄視，口不妄言，人當塞目不妄視，閉口不妄言，則終身不勤苦。開目視情欲，益情欲之事，禍亂成也。萌芽未動，禍亂未見為小，照然獨見為明，守柔弱曰以強大，用其目光於外，視時世之利害。復當反其光明於內，無使精神泄也，內視存神，不為漏失，人能行此，是謂習修常道〔註181〕。

老子提出虛靜自守、收心養神的具體方法。為了排除外物的引誘，首先要「塞其兌、閉其戶」，以隔絕耳目口鼻感官與外界的聯繫，收視反聽，心不外馳。王淮師說：

> 「兌」與「門」謂人之七竅也，人生在世以七竅視聽言息，「塞其兌、閉其門」，言人之修道建體當清靜無為，二十三章所謂「希言自然」即其義〔註182〕。

「兌」與「門」是人體口耳眼鼻等感官與外界接觸聯繫之門戶，人心透過此接觸與聯繫，極難避免外在事物的引誘，使心隨物轉。因此，使心不向外奔馳最好的方法，即是隔絕耳目口鼻與外界聯繫。魏伯陽《周易參同契》說：「耳目口三寶，固塞勿發揚」，即為此意。河上公注老子說：「內視存神，不為漏

〔註180〕參考那薇著，《道家的直覺與現代精神》，1994 年 1 月第一版，頁 5。
〔註181〕見《老子河上公注斠理》，頁 319。
〔註182〕見《老子探義》，頁 208。

失」，其後道家煉氣將收視返聽、心不外馳，稱之為「內視」與「存想」，又說：「內視而自反。」（語出《淮南子・說山》）唐人司馬承禎《天隱子》說：

> 何謂存想？曰收心復性。

又說：

> 存，謂存我之神；想，謂想我之身。閉目即見自己之目，收心即見自己之心，心與目皆不離我身〔註183〕。

而老子所謂「是以聖人為腹不為目」（12章），《老子探義》闡釋：

> 所謂「不為目」與「去彼」，即不務外而遺內之意，所謂「為腹」與「取此」，即修德而養性之意。蓋上文所謂五色、五音、五味、馳騁畋獵、難得之貨等，皆所以喻外物之足以傷害德性。故為修道者所不取也。三十八章所謂：「大丈夫處其厚、不居其華，處其實、不居其薄，故去彼取此。」莊子（德充符）所謂「內保之而外不蕩也」皆是此種修道之士涵養德性之工夫境界〔註184〕。

歷代認為老子「為腹不為目」與煉功養氣有關，以下舉煉氣攝生家的看法，顧歡《道德真經注疏》〔註185〕：

> 腹，內也；目，外也。懷道抱德充滿於內，故為腹也；內視無色，反聽無聲，諸根空靜，不染塵境，故不為目也。

陳景元《道德真經藏室纂微篇》：〔註186〕

> 任聲色之外馳，養浩然之內景。腹者受物養，實其腹則不逐物，故內全而神王，是以聖人法之而為腹也。

後世醫家解釋「為腹不為目」中，腹與目的關連，有明・張介賓《類談》〔註187〕卷一：

> 眼者神遊之宅，神遊於眼而役於心。心欲求靜，心先別眼，抑之於眼，使歸於心，則心靜而神亦靜矣。

明・趙台鼎《脈望》〔註188〕卷二：

〔註183〕見《天隱子》，唐，司馬承禎著，台北：新文豐，民國74年初版，頁67。
〔註184〕見《老子探義》，頁51。
〔註185〕見《道德真經注疏》卷二，顧歡，北京市：新華書店，民國71年。
〔註186〕見《沖虛至德真經釋文》唐・殷敬順撰，宋・陳景元補遺，新文豐書局，民國71年。
〔註187〕《類經》，明・張介賓撰，商務印書館，民國72年初版。
〔註188〕《脈望》，明・趙台鼎撰，藝文印書館，《百部叢書集成》，初編，民國55年。

二氏（指佛、道）之學，以養氣為主。誠能內視返聽，此氣自充，精神自固，仙丹在人腹中，即此氣是也。故曰氣不耗散，在無別訣。

老子曰「為腹不為目」。

今人張榮明先生認為，老子言「為腹不為目」確與氣功有關，因為在氣功鍛鍊中，「腹」與「目」是彼此相反的兩極，必須「去彼取此」，否則煉功誠難見效〔註189〕。

老子主張少私寡欲的主張，後世醫家，煉氣家、攝生、養生的看法與老子一致，老子提倡的少私寡欲，並非強抑心念常起的欲望及企求，而是從根本上泯除貧富、窮達、榮辱的分別，在主觀意識上樹立"知足"的觀念，主觀意識的不知足，才是引起人心騷動不安的主因，人的欲望被滿足，新的欲望隨之生起，人心永遠處於滔蕩不休之境地，所以老子說：

名與身孰親？身與貨孰多？得與亡孰病？是故甚愛必大費，多藏必厚亡。故知足不辱，知止不殆，可以長久（44章）。

禍莫大於不知足，咎莫大於欲得。故知足之足，常足矣（46章）。

如果人以頑強的意志力去壓抑自己的欲望，去刻意追求一種崇尚富有美德的生活，花費的氣力越大，產生的反彈也越大，老子認為人一旦知足常足，常處於無企無求的心境，則一切奢望、惡欲之心，自然消解。

顏君平《道德真經指歸》〔註190〕卷十、第二說：

是以含德之士重身而輕天下，……其無欲也，非惡貨而好廉也，天下之物莫能悅其心也，其為虛也，非好靜而惡擾也，天下之事莫足為也。

如此，少私寡欲的工夫仍落在「虛靜」上著力，老子說：

致虛極、守靜篤，萬物並作，吾以觀其復。夫物芸芸，各復歸其根。（16章）

王淮師《老子探義》說：

「致虛極、守靜篤」兩句，蓋修道者「明心」之工夫也。在理論上吾人之心體固是昭靈不昧，但現實上因主客觀因素，吾人之心靈總難免不為世俗之事物所攪動與蒙蔽，因而必須做「虛靜」的工夫，

〔註189〕見張榮明著，《中國古代氣功與先秦哲學》桂冠，1992.1初版，頁161。

〔註190〕《道德真經指歸》，漢·嚴遵撰，藝文印書館，民國59年，四部分類叢書集成·續編。

使其「心」復其本性之「清明」，故荀子論修心曰：「虛一而靜謂之
大清明」（解蔽篇）。道家以「智」立教，而老子「致虛極、守靜篤」，
即是「轉識成智」之工夫與「超然入聖」之關鍵，何則、蓋唯吾人
之心靈虛靜而清明，然後才能夠悟道（知），亦才能夠體道（行）也
〔註191〕。

心既明矣，然後致虛守靜的工夫，即是直覺體悟的功夫，吾人需罷脫紛囂擾
攘的物相干擾，使萬物契入虛靜之心，心物相契，萬物則呈現自然本性。因
此，老子認爲宇宙本然和諧統一，生生不息、流動不止，人的心靈寄託於這
種變動不已的運化之中。因而宇宙萬物不是被排斥、被疏離的，而是以純粹
狀態呈現的，所摒棄的應是蒙於萬物之上的世俗之見。因而宇宙萬物不僅不
是被撇開的東西，而是寄託心靈的處所，不僅不是心靈昇華的障礙，恰恰是
心靈馳騁的場所，是自由精神的棲息地。人的心靈不是被高高懸置起來，而
只有與萬物之本然相融才能得到安寧〔註192〕。

基於此，老子思想從養生的角度去看，其根本目的，在於摒絕外來因素
對生命的干擾，求得身心的解脫與復歸。因此崇尚自然，即成爲老子思想的
基本原則。換言之，摒絕他人的理性因素，順循宇宙萬物運化的秩序爲法，
達到自然的境界，即是養生之要旨，莊子也認爲正確的養生之道是以靜養神
〔註193〕。莊子〈在宥〉，對於"歸根復命"作了論述：

意，心養，汝徒處無爲，而物自化。墮爾形體，吐爾聰明，倫與物
忘；大同乎涬溟，解心釋神，莫然無魂。萬物云云，各復其根，各
復其根而不知；渾渾沌沌終身不離；若彼知之，乃是離之。

莊子將心物一體的心境稱之爲"復根"，捨棄成見，先識、聰明、思慮的過
程，進入直覺的體悟，稱之爲"心養"。當人捨棄自己的意志，放下固執己
見的成念，以開放的心靈接應萬物，人與自然合於一體，沒有隔離疏異，物
在虛靜心中呈現本然，人也在物之本然中體驗眞實的自我，物我二者同時尋
得歸宿。

老莊二家皆言「虛靜」，然二家對於虛靜之理之論述有何不同？王船山於

〔註191〕見《老子探義》，頁 67。
〔註192〕參考《道家的直覺與現代精神》，頁 82～83。
〔註193〕見《莊子・天道》：「無爲俞俞，俞俞者憂患不能處，年壽長久。」《莊子集釋》，
頁 205。

《莊子解》中，分辨老、莊二家對於虛靜之理的論述，認爲莊子之道高於老氏。他說：

> 虛則無不可實也，……靜則無不可動也。無不可實，無不可動，天下之合也。「運而無所積」，則謂之「虛」；古今逝矣，而不積其糟粕之謂也。「萬物無足以鐃心」，則謂之「靜」；以形名從其喜怒之謂也。「虛靜」者，狀其居德之名，非逃實以之虛，屏動以之靜也。逃虛屏動，已愈逃，物愈積，「膠膠擾擾」，日鐃其心。悱憊而欲逃之於死，死且爲累，遺其虛靜之糟粕以累後世。故黃老之下，流爲刑名，以累無窮。況有生之日，屏營終日，與喧相競，而菀積其悁快乎？虛靜之中，天地推焉，萬物通焉，樂莫大焉。善體斯者，必不囂囂然建虛靜爲鵠，而鐃心以赴之，明矣（〈天道〉）〔註194〕。

戴師景賢解釋道：

> 老子欲以「虛」字脫累，而未脫於「虛」，故反得累於虛；欲以「靜」止擾，而不能不屏動以靜，故事愈屏而擾益深。屏營終日，而實與競喧。莊生雖亦逃世，然虛靜亦其所逃，故若化順動，可以一變至道〔註195〕。

船山《莊子解》說：

> 老子知雄而守雌，知白而守黑，知者博大而守者薄弱。其意以『空虛』爲物所不能距，故宅於『虛』，以待陰陽人事之挾實而來者窮而自服，是以機而制天人者也。陰符經之說蓋出於此。以忘機爲機，機尤險矣。若莊子之兩行，則進不見有雄、白，退不屈爲雌、黑，知止於其所不知，而以不持，持者無所守，雖虛也，而非以致物喪我而於物無攖者，與天下而休乎天鈞，非姑以示槁木死灰之心形，以待物之自服也。」（卷三十三天下）

戴師景賢解釋道：

> 前謂運而無所積，即謂之「虛」，萬物不足以鐃心，即謂之「靜」，「虛靜」乃所以狀居德之名，而此則謂朝徹見獨以後，「寂寞」「變化」皆可通之於一，兩行而無礙，語意較之更顯。而船山即以此判別莊、

〔註194〕見王夫之《莊子通莊子解》，《中國子學名著集成》珍本，初編，道家，子部，頁168。
〔註195〕見戴師景賢《王船山之道器論》，廣學書局，民國71年12月初版，頁220。

老之異宗。老子惟未脫於執虛爲虛，故不免以物爲外，而心競焉。特其所爭，乃以不爭爭，故曰知之於彼，而守之於此。然以不爭爭，爭之之心勝於爭，故機尤深。此所以黃老之下，必流爲刑名。而莊子之學，依船山意，初亦嘗逃物而之於虛，沿老氏之餘波，待其朝徹而見獨，乃渾天人而一之。虛實貫，而內外一。於是乃有以齊物「物論」、遊「無窮」，而內聖外王之道皆自此出。蓋真能忘機而無所爭者。故其道高於老氏〔註196〕。

此外，《老子》十六章說：「守靜篤」，帛書本《老子》作「守靜督也」。段玉裁《說文解字注》曰：

督者，以中道察視之，人身督脈在一身之中，衣之中縫亦曰督縫。

而《莊子‧養生主》篇記載著：

緣督以爲經，可以保身，可以全生，可以養親，可以盡年。

王夫之認爲「緣督」乃指養氣的方法，他說：

身前之中脈曰任，身後之中脈曰督。督者居靜，而不倚於左右，有脈之位而無形質也。緣督者，以清微纖妙之氣循虛而行，止於所不可行，而行自順以適得其中〔註197〕。

王船山認爲人身中有一段「清微纖妙之氣循虛而行」，稱之爲「緣督」。《素問經》解釋「督脈」爲「督脈者，起於少腹，以下骨中央」〔註198〕，意指督脈雖位於人身背後，但起點在身前腹部。前文敘述老子「爲腹不爲目」之旨與氣功鍛鍊有關，此「爲腹」與「起於少腹」之「腹」，於醫家、煉氣家皆言爲臍下腹部丹田之處〔註199〕。煉氣家解老子言「虛其心，實其腹」〔註200〕，「聖人爲腹不爲目」〔註201〕，此臍下腹部丹田之處，即精神專一意守之處，爲修煉凝聚真氣之要法。

道家老、莊養生思想中主靜的觀念，對中國古代養生學產生了廣泛而深刻的影響，如《管子‧內業》對以靜養生極爲推崇，說：

〔註196〕見戴師景賢《王船山之道器論》，頁220。
〔註197〕見王夫之《莊子通莊子解》，《中國子學名著集成》珍本，初編，道家，子部，頁49。
〔註198〕《素問‧骨空論篇》《四部叢刊》，正編，商務，頁115。
〔註199〕《胎息經》曰：「氣從有胎中息」，幻真《注》曰：「修道者，常其氣於臍下，守其神於身內。」；藝文印書館，《百部叢書集成》，初編，民國55年。
〔註200〕見《老子‧3章》《老子道德經》，頁9。
〔註201〕見《老子‧12章》《老子道德經》，頁24。

> 天主正，地主平，人主安靜。……是故聖人與時變而不化，從物
> 而不移，能正能靜，然後能定。定心在中，耳目聰明，四肢堅固，
> 可以爲精舍。……靜則得之，躁者失之。……心能執靜，道將自
> 定〔註202〕。

〈內業〉在其養生論述中，明顯受道家清靜無爲思想的影響，並由此對後世
醫家與養生家多有波及。這種主靜觀更爲後來的道教所全面承襲，成爲道教
重要的思想基礎之一，並滲透到道教養生學說的各個具體方面之中〔註203〕。

三、載營魄抱一，能無離乎？

老子〈10章〉言：

> 載營魄抱一，能無離乎？

「一」是道之別名〔註204〕，老子〈42章〉說：

> 道生一，一生二，二生三，三生萬物。萬物負陰而抱陽，沖氣以爲
> 和。

「一」字乃指無爲之德，而無爲之德爲「道」之德，「一」字間接也指著「道」
〔註205〕。依老子所說：

> 天下萬物生於有，有生於無。（〈40章〉）

> 無，名天地之始；有，名萬物之母。（〈52章〉）

吳經熊說：

> 道是無，也是有，無就是形而上，有就是形而下。道是超乎有無，
> 而兼攝有無的〔註206〕。

無與有，是道的兩面。以無言道的自體，以有說道生成萬物的作用。而道無
所不在，即不外於萬物，就在吾人生命的周遭，以生養成全萬物，故由此而
說有；然道又不是現象之一物，是「視之不見，聽之不聞，搏之不得」，是無
聲無臭，無形無名，而完全超乎吾人的感官經驗之外，故由此而言無〔註207〕。

〔註202〕見《管子‧商君書》，世界書局，民國76年6月，13版，頁270。
〔註203〕參考廖果《自養之道——中國古代個體差異養生學說》，明文，民國82年9
月初版，頁194。
〔註204〕見王淮《老子探義》，頁41。
〔註205〕見羅光《中國哲學思想史‧先秦篇》，學生，民國76年11月二版，頁174。
〔註206〕見吳經熊《哲學與文化》，三民，民國60年4月初版，頁70～71。
〔註207〕參見牟宗三《才性與玄理》，學生書局，民國67年，四版，頁133。

老子說：

  道生之，德畜之。（〈51 章〉）

這裡所言道之所生，與德之所畜者，都指天下萬物。從根源之始說，是道；從生成之母說是德。而老子說：「無，名天地之始；有，名萬物之母。」（〈52章〉）言道是無，而有是道下貫之德。換言之，即言道之生化萬物的方式以畜養成全萬物。因此，「道生一」（〈42 章〉）即有生於無。一即是道之德、道之用。道之有，一生二，此一實現原理，發用爲二，即言道是萬物之實現原理，萬物由道所創生，就是天地的交感和合。故老子說：「天地相合，以降甘露。」（〈32 章〉）在天地交感的均衡和諧中湧現生命的甘泉活水，此一和合的化生作用，就是三。萬物在這一「和」的均衡中生養化成〔註208〕。

《老子探義》一書注：

  老子所謂「一」，即「理」也。「理」者道之本質與内容耳，故一不異道，道不異一。「道」是原始虛無之「自然」，「一」是自然生化之「理」。「二」是陰陽，陰陽是「氣」。老子意謂，原始虛無之自然具有生化之原理，此原理最初導生者，爲陰陽二種原質（陰陽二氣爲宇宙之基本原質），有此陰陽二種基本原質，自然交互作用，而能產生第三者（結果），此所生之果，即是由陰陽二氣所生之「三」，且此種宇宙生化之活動一經發生，自然生生不息，而萬物於是乎紛然雜陳矣〔註209〕。

老子以「一」、「二」、「三」，稱說由「道」創生萬物的歷程；而以陰陽「二」氣，爲構成萬物的基本原質，二氣交通激盪可形成均調和諧體。陰陽二氣的調和，爲萬物肇端的必要條件。

  老子說：

  夫物云云，各復歸根。（〈16 章〉）

又說：

  谷神不死，是謂玄牝，玄牝之門，是謂天地根。（〈6 章〉）

《老子探義》一書注：

  根，謂萬物之本源，即道體之虛無。谷、神，即所以喻道體之虛無，亦即天地萬物之根本。「道生一，一生二，二生三，三生萬物。」（〈43

〔註208〕參考王邦雄著，《老子的哲學》，東大，民國 79 年 2 月，六版，頁 82～100。
〔註209〕見王淮《老子探義》，頁 175。

章〉）可證「道」為萬物之本源，萬物由道而生，亦復歸於道。（無中生有，有復歸道）。「道」以虛無為體，其實際只是一「生滅」「聚散」之原理。大易所謂「一陰一陽之謂道」（〈繫辭傳〉），道即內在於一陰一陽，一翕一闢之變化作用之中〔註210〕。

一是道的別名。抱一，猶抱道也。老子曰：

是以聖人抱一為天下式。（〈22章〉）

昔之得一者，天得一以清，地得一以寧，神得一以靈，谷得一以盈，

萬物得一以生，侯王得一以為天下正，其致之。（〈39章〉）

聖人抱一，即言聖人棄知去行，無心無我，與道合一而為天下之法式。此處所謂「抱一」，是一種「境界」之描述。或具體言之，為一種心境，同於莊子描述「心齋」的境界，有所謂「瞻彼闋者，虛室生白，吉祥止止。」此即聖人心體虛靈與道合一的境界〔註211〕。

此處所言之「一」，也就是以渾全統一的道相指謂道體的最簡字彙，老子的道字亦可指人格狀態。聖人便是因懷抱或遵遁天道得臻至高無上的人格狀態〔註212〕。

「抱一」，之「抱」字，清・俞樾《諸子平議》引《釋名・釋姿容》說：

抱，保也，相親保也。是抱與保義通。抱汝生，即保汝生。郭注曰無攬乎其生之外也，猶泥字抱字為說未達假借之旨〔註213〕。

《老子探義》釋「載營魄抱一，能無離乎」說：

載，乘而任之之意。抱，保而守之之意。營魄，即魂魄，存乎天地謂之陰陽，賦予人體謂之魂魄。一者，道之別名。離者，乖違之意。此言修道之士要能體合陰陽。抱道守真，勤而行之，幸勿乖違〔註214〕。

莊子所言「抱汝生」與老子所謂「抱一」義通，守道就是保生〔註215〕。

莊子〈庚桑楚〉說：

南榮趎曰：「里人有病，里人問之，病者能言其病然其病，病者猶未病也。若趎之聞大道，譬猶飲藥以加病也，趎願聞衛生之經而已矣。」

〔註210〕見王淮《老子探義》，頁69。
〔註211〕參考王淮《老子探義》，頁95。
〔註212〕參見王煜《老莊思想論集》，聯經，民國68年初版，頁257。
〔註213〕見俞樾《諸子平議》，世界書局，民國62年5月，三版，頁214。
〔註214〕見王淮《老子探義》，頁41。
〔註215〕參見王煜《老莊思想論集》，頁262。

老子曰：「衛生之經，能抱一乎？能勿失乎？能無卜筮而知吉凶乎？能止乎？能已乎？能舍諸人而求諸己乎？能翛然乎？能侗然乎？能兒子乎？兒子終日嗥而嗌不嗄，和之至也；終日握而手不掜，共其德也；終日視而目不瞬，偏不在外也。行不知所之，居不知所為，與物委蛇，而同其波，是衛生之經已。」

南榮趎曰：「然則是至人之德已乎？」

曰：「非也。是乃所謂冰解凍釋者，能乎？夫至人者，相與交食乎地而交樂乎天，不以人物利害相攖，不相與為怪，不相與為謀，不相與為事，翛然而往，侗然而來，是謂衛生之經已。」

此「衛生之經能抱一乎？」錢穆言：即老子「載營魄抱一能無離乎」之意〔註216〕。

蔣錫昌解釋說：

「營魄抱一」，言將精神專一念於導引之術，而勿使散失雜馳也。莊子庚桑楚篇：「老子曰：『衛生之經，能抱一乎？』」可知『抱一』乃古時道家一種衛生之經也。」〔註217〕

煉氣攝生家將「營魄抱一能無離乎」解釋為精神專注、排除雜念，意守丹田、神不外馳，使精神同身體合而為一，形神不分離。《周易參同契發揮》中卷說：

修煉之功，至簡至易，不過抱元守一，專氣致柔，如嬰兒耳。是故作丹之際，亦無他術，但虛心靜默，凝神自凝，息自定。息定而氣聚，氣聚而丹成〔註218〕。

老子〈第5章〉說：

天地之間，其猶橐籥乎？多言數窮，不如守中。

河上公注說：

天地之間，空虛，和氣，流行；故萬物自生，人能除情欲，節滋味，清五藏，則神明居之，橐籥中空虛，空虛無有，屈竭時，動搖之，益出聲氣也，多事害神，多言害身，口開舌舉，必有禍患，不如守德於中，育養精神，愛氣希言〔註219〕。

〔註216〕見錢穆《莊子纂箋》，三民書局，民國70年三版，頁187。
〔註217〕見蔣錫昌《老子校詁》，東昇，民國69年初版，頁61。
〔註218〕見俞琰《周易參同契發揮》四庫全書珍本，王雲五編中卷，頁8。
〔註219〕見《老子河上公注斠理》，頁30。

老子〈6章〉云：

> 谷神不死，是爲玄牝，玄牝之門，是謂天地根，綿綿若存，用之不
> 勤。

河上公注：

> 人能養神，則不死也，言不死之有，在於牝。玄，天也；於人爲鼻。
> 牝，地也，於人爲口。……根，元也。言鼻之門，是乃通天地之元
> 氣，所從往來，鼻口呼澹喘息，當綿綿微妙，若可存，復若無有用。
> 氣常寬舒，不當急勲勞也。

《太平御覽》方術部引《修養雜訣》說：

> 老子：『玄牝之門，是謂天地根。綿綿若存，用之不勤』。言口鼻也，
> 天地之門，以吐納陰陽生死之氣。每至旦，面向午，展兩手膝之上，
> 徐徐按捺百節，口吐濁氣，鼻引清氣，所以吐故納新。是痰氣良久，
> 徐徐吐之，仍以左右手上下前後拓。取氣之時，意想太平元氣，下
> 入毛際，流於五臟，四肢皆受其潤，如山納雲，如地受澤，面色光
> 煥，耳目聰明，飲食有味，氣力倍加，諸疾去矣。

杜光庭《道德眞經廣聖義》卷九解釋說：「養神則長生不老。……夫玄，天也，
於人爲鼻；牝，地也，於人爲口。元和之氣，慧照之神，在人身中出入，鼻
口呼吸，相應以養。於明人趙台鼎《脈望》卷三亦有一段相關的釋文：

> 老子云：「谷神不死」。即虛靈不昧也，谷者，人身空處；神者，其
> 靈也；不死者，常存也，有此則爲萬化本源，門乃一闔一闢之名，
> 玄牝無可名狀，但闔闢使有動處，故即以爲門。爲天地根，化化生
> 生，其出無窮也，人但默會於此，守而行之，悠悠綿綿，多內少出，
> 所謂「眞人之息以踵」，則觀天法天之道盡，而造化在吾身中矣。

四、專氣致柔，能嬰兒乎？

老子提出「見素抱樸，少私寡欲」（〈19章〉）的主張，使人避免奔逐於追
求物欲之中，而迷失了原本素樸的本質。對此老子提倡崇尚自然、反樸歸眞，
而老子每將理想的人格與赤子比附，意寓人的恬淡素樸、無知無欲之本性乃
與生俱來，老子說：

> 載營魄抱一，能無離乎？專氣致柔，能如嬰兒乎？（〈10章〉）
> 我獨泊兮其未兆；如嬰兒之未咳。儡儡兮若無所歸。（〈20章〉）

> 知其雄，守其雌，爲天下谿。常德不離，復歸於嬰兒。（〈28章〉）
>
> 含德之厚，比於赤子，蜂蠆虺蛇不螫，猛獸不據，攫鳥不搏。骨弱
> 筋柔而握固。未知牝牡之合而全作，精之至也。終日號而不嗄，和
> 之至也。（〈55章〉）

初生赤子並無機心，就算殘暴如猛獸的人，也不忍加害天眞爛漫、柔弱不爭
的嬰兒。嬰兒終日啼哭、音聲不啞，赤子之心渾厚淳樸，無知無欲、天然和
諧，在老子眼中，嬰兒是代表至德的象徵。王淮師注釋曰：

> 專、守也。致、使也。專氣則靜不躁，致柔則弱不強。此言修道之
> 士要能平「心」靜「氣」，心平氣和，則精神純粹，性情柔和，如嬰
> 兒之天眞自然矣。故五十五章曰：「含德之厚、比於赤子」，蓋赤子
> 無思無慮，無造無作，即所謂「純氣之守也」。又：莊子德充符曰：
> 「平者水停之盛也，其可以爲法，內保之而外不蕩也。德者成和之
> 修也。德不形者，物不能離也。」莊子所謂「內保之而外不蕩也」，
> 即「致柔」之工夫也。總而言之，精神純一，心性柔和，是赤子之
> 德，亦聖人修養工夫之極致也〔註220〕。

老子又云：

> 治人事天莫若嗇。夫唯嗇，早謂早服。早服謂之重積德」。（〈59章〉）

王淮師注釋說：

> 治人謂養生也、事天謂修道也。嗇者、愛而不費之意。此言修道養
> 生之原則尚在「彊本節用」。誠能彊本節用便是服從自然之理——「虛
> 靜無爲」。誠能虛靜無爲則「德」必日積而盛。蓋修道養生之目的唯
> 在成德，以建體立極也〔註221〕。

專氣就是嗇，嗇即生命內斂不外露、凝聚不耗散之意，此其可能，首有消解
心知的助長，與可欲的干擾，故無知無欲，生命自歸於本然順遂的專一柔和。
是早服也就是致柔，早服是早歸根於天地之和，致柔是復命於陰陽之和。致
柔就是得其和，一如嬰兒的重積其德〔註222〕。

河上公注曰：

> 謂人君欲治理人民，當用天道、順四時，當愛民斯不爲奢泰；治身

〔註220〕王淮《老子探義》注釋，商務，民國79年12月，九版，頁42。
〔註221〕王淮《老子探義》，頁236。
〔註222〕見王邦雄著《老子的哲學》，頁141。

者，當愛精氣不放逸。夫獨愛民財，愛精氣，則能先得天道也，先
得天道，是謂重積德於己也〔註223〕。

此注言「愛精氣」之精氣，同於「含德之厚，比於赤子……精之至也」（55章）
之「精」字，皆指大化之精氣〔註224〕，即言吾人當愛養寶貴之精氣，保持純
素的本性，以蓄養天賦之生命。《韓非子·解老》亦言：

嗇之者，愛其精神〔註225〕。

又說：

眾人之用神也躁，躁則多費，多費謂之侈。聖人之用神也靜，靜則
少費，少費謂之嗇〔註226〕。

夫能嗇也，是從於道而服於理者也〔註227〕。

即言人處於宇宙天地之間，稟受天地之大化，應愛惜精氣、保養精神，才符
合自然的規律。

而所謂「早服」，《韓非子·解老》曰：

聖人雖未見禍患之形，虛無服從於道理，以稱早服。故曰「夫唯嗇，
是以早服」〔註228〕。

《韓非子·解老》解「早服謂之重積德」句言：

積德而後神靜，神靜而後和多，和多而後計得，計得而後能御萬物，
能御萬物則戰易勝敵，戰易勝敵而論心蓋世，論必蓋世，故曰：「無
不克」。無不克本于重積德，故曰：「重積德則無不克」〔註229〕。

老子將保養精氣之道與治國之道結合，如莊子言：「身之不能治，而何暇治天
下乎？」〈天地篇〉老子：「貴以身為天下，若可寄天下；愛以身為天下，若
可托天下」（13章）的思想，將保精養生之法，滲透到政治領域。其旨在對於
外在世界之能御萬物，戰無不克從而治平天下，主要植根於個人自身內在的
保養精氣，使之神志清明所導致。

在莊子書中，五次言及嬰兒：

〔註223〕見鄭成海注，《老子河上公注斠理》，頁359。
〔註224〕參見錢穆《莊老通辨》，東大，頁208。
〔註225〕《韓非子校釋》，陳啟天，商務，1994年11月初版，頁736。
〔註226〕同上註，頁737。
〔註227〕同上註。
〔註228〕同上註。
〔註229〕同上註，頁738。

> 彼且爲嬰兒，亦與之爲嬰兒（〈人間世〉）。
>
> 四海之內共利之之謂悅，共給之之謂安，怊乎若嬰兒之失其母也，儻乎若行而失其道（〈天地〉）。
>
> 魯有單豹者，巖居而水飲，不與民共利，行年七十而猶有嬰兒之色（〈達生〉）
>
> 去小知而大知明，去善而自善矣。嬰兒生無石師而能言，與能言者處也（〈外物〉）。
>
> 衛生之經，能抱一乎？能勿失乎？能無卜筮而知吉凶乎？能止乎？能已乎？能舍諸人而求諸己乎？能翛然乎？能侗然乎？能兒子乎？兒子終日嘷而嗌不嗄，和之至也；終日握而手不掜，共其德也；終日視而目不瞬，偏不在外也。行不知所之，居不知所爲，與物委蛇，而同其波。……兒子動不知所爲，行不知所之，身如槁木之枝而心若死灰。若是者，禍亦不至，福亦不來。禍福無有，惡有人災也。（〈庚桑楚〉）

在老、莊眼中，嬰兒代表「和之至」、「共其德」的聖人與至人，莊子假託老子答其徒孫南榮趎說：「至德之人」貌如小兒，乃因凡俗之人一生遭逢逆境，童心泯滅已久，聖人（至人）心中無得失、愛惡之機計，無禍福、貴賤之衡量，以柔弱的赤子之心，遊走於災禍逆境，無入而不自得，如此無入而不自得，實因赤子合德深厚之故。

　　儒家罕以嬰兒比喻至德，但孟子說：「大人者，不失其赤子之心」（離婁篇）。此中「大人」亦指有德之人。

　　而從煉氣養生角度，觀老子「嬰兒」之喻，是老子論述「精」在人體中的作用。

> 骨羽筋柔而握固，未知牝牡之合而全作，精之至也；終日號而不嗄，和之至也」（〈55章〉）

河上公注說：

> 赤子筋骨柔弱，而持物堅固，以其意心不移也，赤子未知男女之合會，而陰作怒者，由精氣多之所致也；赤子從朝至暮啼號，聲不變易者，和氣多之所致〔註230〕。

〔註230〕見鄭成海注，《老子河上公注斠理》，頁331。

從養生的角度出發，煉氣攝生家認為，老子重視精的作用，同時也重視氣的效能，老子第十章言：

　　　　專氣致柔，能嬰兒乎？滌除玄覽，能無疵乎？愛民治國，能無為乎？

河上公注解道：

　　　　專守精氣，使不亂；則形體能應之而柔順。能如嬰兒，內無思慮，
　　　　外無政事，則精神不去也。當洗其心，使潔淨也。心居玄冥之處，
　　　　覽知萬事。不淫邪也。淨能無疵病乎。治身者，愛氣；則身全。治
　　　　國者，愛民；則國安。治身者，呼吸精氣，無令耳聞也。治國者，
　　　　布施惠德，無令下知也〔註231〕。

專守精氣則能一如嬰兒般柔和，當心專一氣和，則氣實充於內，因此形體柔順。關於「精」與「氣」，《素問》曰：「夫精者，身之本也」〔註232〕；《難經》曰：「氣者，人之根本也」。精與氣固為人體生命主要物質基礎。精與氣可以相互轉化，煉氣家稱之為「煉精化氣」。醫家思想也可以找到佐證〔註233〕，而老子對於「精化為氣」的現象，在第五十五章中言，赤子之精充盛、元氣淳和〔註234〕中，已透露跡象。

　　關於老子思想中「精」與「氣」的論述，錢穆先生說：

　　　　老子曰：「道之為物，惟恍惟惚。惚兮恍兮，其中有象。恍兮惚兮，
　　　　其中有物。窈兮冥兮，其中有精。其精甚真，其中有信。自古至今，
　　　　其名不去，以閱眾甫。吾何以知眾甫之狀哉？以此（〈21章〉）蓋莊
　　　　子內篇言精字，特指其內在於人心知言。乃為心知狀態之一種形容
　　　　辭。粗略言之，則僅指一種心志之專一運用。至老子言精字，乃始
　　　　引而外之，不指心知，而指此大化之精氣。雖就道家言，內外固可
　　　　以合一，而老莊兩家之所以言之者，則顯然有異矣。夫老莊所謂道
　　　　者，亦指天地萬物一氣之化之運行不息者而言之耳。此乃為老莊之
　　　　所同。然即就氣言，其間亦有別。故在莊子內篇，有言一氣者，有
　　　　言六氣者。老子書始言及氣之精。彼所謂其中有精者，精即一也。
　　　　天地萬物皆屬一氣，而此氣則亦已在大化中而不勝其萬殊之致也。

〔註231〕同上註，頁58。
〔註232〕見《素問・金匱真言論》商務，頁13。
〔註233〕見《素問・陰陽應象大論篇》：「氣歸精、精歸化、精化為氣」。商務，頁16。
〔註234〕〈55 章〉曰：「赤子未知牝牡之合而全作，精之至也，終日號而不嗄，和之
　　　　　至也。」《老子道德經》，頁121。

惟其一氣之最先，當其在成化之始，則有其大相同合而更不可分別者在，是即老子所謂之「其中有精」也。是故老子書中精字，仍作一義解，惟已不指用心之一，而改指氣體之一，即此大氣之內質之一，因謂其引而外之也。莊子重言心，老子重言氣，亦可謂莊子所重在人生界，老子所重在自然界，故莊子精字多應用於人生論，而老子精字則應用於宇宙論。即老子之言其精甚真，其中有信云云，此真與信二字，亦改以指自然界。此則老子之所由異於莊周也。老子書中精字，若再以之移入於人身，則亦不為精心精思，而仍為精氣。老子又曰：

含德之厚，比於赤子。蜂蠆虺蛇不螫，猛獸不據，攫鳥不搏，骨羽筋柔而握固，未知牝牡之合而全作，精之至也。

此精字即指精氣言，赤子之所最先呈現者，多屬行動、不屬心知，故為精氣，而非精心。此種精氣，則乃指人之最先所稟受於大化者，故又謂之德也。荀子賦篇有云：

血氣之精也，志意之榮也。

所謂血氣之精，即承老子書中精字義。易大傳亦云：

精氣為物。又曰：

天地絪縕，萬物化醇，男女構精，萬物化生。

亦皆承此精字義，……而所謂精氣者，乃指一種太始混元之氣，為萬物所本，亦可據文而自顯矣〔註235〕。

誠如錢穆先生所言，老子書中精字意指一太始混元之氣，為萬物所本，移入於人身，則為精氣，此種精氣，乃指人之最先所稟受於大化者。

在傳統醫學思想中，人的身體早在七、八歲腎氣實盛〔註236〕之前，生命肇端之初，便是「氣」的和諧，決定生命的起源。《老子·55章》說初生赤子，和「和之至也」。「和」字的意義，當包含「氣」的調和狀態在內，而非僅限於精神境界的形容。此由《老子》論述萬物發生可知：

道生一，一生二，二生三，三生萬物。萬物負陰而抱陽，沖氣以為

〔註235〕參見錢穆《莊老通辨》，頁207～209。
〔註236〕見《素問·上古天真論》：「歧伯曰：女子七歲，腎氣盛，齒更髮長。」商務，頁27。

和（〈42章〉）。

老子以「一」、「二」、「三」，稱說由「道」創生萬物的歷程；而以陰陽「二」氣，爲構成萬物的基本原質，二氣交通激盪可形成均調和諧體。陰陽二氣的調和，爲萬物肇端的必要條件，人的誕生，自然也不例外。《老子‧55章》中便舉出三個經驗現象，證明初生嬰兒乃陰陽二氣的和諧狀態：一是「骨羽筋柔而握固」，二是「未知牝牡之合而全作」，三是「終日號而不嗄」。就生命開展的歷程而言，僅在生命肇端之初的小嬰兒，成爲老、莊筆下描繪人生終極境界共同取用的意象。《老子》言道體之士爲：「我濁泊兮其未兆，如嬰兒之未咳。」〔註237〕（〈20章〉）；又說：「常德不離，復歸於嬰兒。」（〈28章〉）。《莊子》並形容年長聞道者女偊：「色若孺子」。老、莊顯然並不將「嬰兒」、「孺子」，純粹視作對體道者「心靈」境界的描述，作爲求道者的理想境界，「嬰兒」與「孺子」所展現的，乃是身心一如，容色與心境相諧共榮的圓融狀態〔註238〕。

老子言「專氣致柔」，專氣則不物壯，致柔則非不道，自不會掉落物壯則老，不道早已之局。惟知止知足，才可專氣，惟不欲以靜，始能致柔。老子重視「柔」，言守柔曰強。云：

見小曰明，守柔曰強，用其光，復歸其明。無遺身殃，是謂習常。（〈52章〉）

弱之勝強，柔之勝剛。（〈78章〉）

柔弱勝剛強。（〈36章〉）

弱就虛說，柔就和說，以其虛弱，所以柔和。剛是勝人者有力，強是強行者有志，是剛強是指有心有爲，有知有欲者，不安於不欲之靜，而有強梁物壯之行，故無以逃離，不得其死，與不道早已的悲劇。柔弱之所以勝剛強，一是柔弱本身就是歸根之靜與復命之常的和，二是柔弱可以拉引剛強，而成其

〔註237〕傅奕本、范應本「孩」作「咳」。《說文解字注》曰：「咳小，兒笑也。從口、亥聲。孩，古文咳，從子」，觀《千金要方》卷五上〈序例第一〉云：「凡生後六十日瞳子成，能咳笑應和人」，又云「凡兒生三十二日一變，六十四日再變，變且蒸，是爲一蒸」，一蒸後「其狀臥端正」，二蒸後「能咳笑」，三蒸後，「五機成」，四蒸後「知欲學語」。見唐，孫思邈，《備急千金要方》，台北，國立中國醫藥研究所，1990年，頁73～74。

〔註238〕見蔡璧名《身體與自然──以《黃帝內經素問》爲中心論古代思想傳統中的身體觀》，國立臺灣大學文學院，民國86年4月初版。

天地陰陽之和。因此老子云：

> 重積德，則無不克；無不克，則莫知其極，……是謂深根固柢，長
> 生久視之道。（〈59 章〉）

重積德即是守柔，生命不外逐散落，無不克即是勝剛強，生命內斂凝聚。守
柔曰強，重積德則無不克，當下已在道常之和的無限妙用中，「天乃道，道乃
久」（〈16 章〉），故曰莫知其極，故曰可以長久〔註239〕。

守柔乃「長生久視之道」老子說：

> 堅強者死之徒，柔弱者生之徒。（〈76 章〉）

> 人之生也柔弱，其死也堅強；萬物草木之生也柔脆，其死也枯槁。
> （〈76 章〉）

老子說人和萬物，活著的時候形體柔軟，死了之後，則僵硬枯槁。

又說：

> 木強則兵。（〈76 章〉）

即言樹苗由小至大，由弱變強，則因工匠所需，反遭砍伐，林木茂盛，則斧
斤接踵而至。將「守柔」之道，用之於軍事，則爲老子所言：

> 勇於敢則殺，勇於不敢則活。（〈73 章〉）

> 強梁者不得其死。（〈42 章〉）

皆言敢於逞強之人，必遭戕害，而勇於表現柔弱者，反而保存生命。老子主
張「柔弱勝剛強」，以水爲喻。老子云：

> 天下莫柔弱於水，而攻堅強者莫之能勝，其無以易之，弱之勝強，
> 柔之勝剛，天下莫不知。（〈78 章〉）

> 天下之至柔，馳騁天下之至堅。（〈43 章〉）

水之柔弱，隨圓則圓、隨方則方，但水卻能懷山襄陵，磨鐵消銅，穿石銷金，
無所不通。其眞強無物與之能比。物質中的「水」，隨圓則圓、隨方則方，人
世間的嬰兒，無知亦無欲，無爭亦無求，二者其性柔弱一如，卻充滿生機。
即如 66 章所言：「以其不爭，故天下莫能與之爭。」

由專氣致柔，至反樸歸眞。這一精神修養的理想人格，老子以赤子嬰兒
的生命情態，具體且細微表露，老子以赤子嬰兒爲喻，取其價值義，即言由
專氣致柔，以回歸吾人生命的素樸本質。

〔註239〕參見王邦雄《老子的哲學》，頁 141～142。

五、滌除玄覽，能無疵乎？

《老子·19 章》提出「少私寡欲」的主張，主要目的在於使人能擺脫欲望的干擾、名利權勢之羈絆，有助於虛靜自守，收心養神，保固精氣之效用，而人心知的造作，是從「爲學」而來。老子說：

> 爲學日益，爲道日損，損之又損，以至於無爲。（48 章）
>
> 物或損之而益，或益之而損。（42 章）

所謂日益、日損，是就心而言。爲學是透過感官知覺的作用，將存在於外在世界的萬物萬象存攝於心中，形成一種浮淺的印象，若人心中有偶發的意念，與此印象接合，爲心所執取認可，遂逐漸成爲知識的概念。因此，爲學是向外求得的，而且日有增益。

老子言：「爲道日損」，即將心知的造作，加以逐層剝落，使生命不外逐、不散落。吾人每拋開一心知，消除一慾念，心必多得一分解脫，增長一份自在。這也就是減少、反見增益，而增益、反見減損的道理。換言之，在爲學日益之時，心知日有所成，由於重重的約定與層層的束縛，心失去其本有之虛靜，而人存在的世界遂隨之相對的減縮，而生命亦漸趨混雜；在爲道日損之時，心不求取積成，由於約定的開解與束縛的消除，而有其形而上的玄鑒明照，吾人存在的世界，隨之日漸擴大，而生命亦回歸其自在的素樸〔註 240〕。所以，老子說：

> 滌除玄覽，能無疵乎？（〈10 章〉）

所謂滌除，「當洗其心，使潔淨也」〔註 241〕。所謂玄覽，則爲「心居玄冥之處，覽知萬事」〔註 242〕。換言之，即是將日損之雜染滌除，恢復心的虛靜清明。這一直覺觀照的能力，是直接面對面、當下呈露的，不必透過中介的知識概念與官覺印象，亦無需假藉理性作用的分析與推論，對於當前境即有一整體而直接的感覺與把握〔註 243〕。

人的認知是透過將主觀情感和慾念帶入認識中來，或將傳統舊有之觀念和先入成見帶入認識中來，或把主觀之臆測、猜想、假設投入認識中來，如此所認識的即非事物的本質，而摻染了人強加於事物的諸多成分。道家認爲事物的本質，需要如明境般空明虛靜之心去體認，

〔註 240〕參考王邦雄《老子的哲學》，頁 118。
〔註 241〕鄭成海著，《老子河上公注斠理》，頁 59。
〔註 242〕同上註。
〔註 243〕王邦雄《老子的哲學》，頁 119。

老子言:「滌除玄覽,能無疵乎?」(〈10 章〉)

莊子說:「聖人之心靜乎?天地之鑒,萬物之鏡也」(《莊子·天道》)

淮南子亦言:「執玄鑒於心,照物明白。」〔註244〕(《修務》)

老子將直覺比作"滌除玄覽"。覽,借爲鑒,意爲明鏡。老子將內心比作明鏡,主張通過心性修養,排除一切欲望的干擾,使明鏡不染一塵。唯有如此,借助內心靜觀,才能體認常道。

直覺是內心對存在的直接領悟和體驗,老子強調,內心直覺"道"時,處於一種明覺狀態。直覺也是一種主客交融的境界,老子用"玄同"二字描繪直覺的特徵。他說:

知者不言,言者不知。塞其兌,閉其門,挫其銳,解其紛,和其光,
同其塵,是謂玄同。(〈56 章〉)

進入直覺的境界,便關閉知識之門,泯滅智慧的光芒,混同行經的痕跡,挫損其銳,解除紛爭,達到與道一體,玄同彼我,泯滅主客之境界,此境界僅僅是一種自我體驗,不可言傳於外〔註245〕。

莊子對「滌除玄覽」的境界,闡述得尤其清晰透徹。他說:

聖人之靜也,非曰靜也善,故靜也;萬物無足鏡心者,故靜也。水
靜則明燭鬚眉,平中准,大匠取法焉。水靜猶明,而況精神……夫
虛靜恬淡寂寞無爲者,天地之本,而道德之至,故帝王聖人體焉。
休則虛,虛則實,實則備矣。虛則靜,靜則動,動則得矣。(〈天道
篇〉)

莊子描述了本質體悟過程中主體的狀態,他要求主體排除情感、欲望、先見、功利的干擾。主體處於虛靜之中,萬物則以本然狀態充實於人心靈之中。如此獲得的認知將不是客觀事物殘缺片面的,而是全面的認知。心靈虛靜、不爲嗜欲所動,不分別、不判斷、不分析,心靈可以自由地轉化,可以隨鳥飛、隨魚躍。與陰俱閉、與陽俱開,這即是"靜則動"之意。

道家的「滌除玄覽」將排除主觀機功心智、成見先識,放在體悟本質的首要地位,一如莊子所說:

無爲名尸,無爲謀府,無爲事任,無爲知主。體盡無窮,而游無朕;

〔註244〕高誘注《淮南子·修務》,世界書局,民國 80 年 3 月,九版,頁 344。

〔註245〕參考葛榮晉主編《道家文化與現代文明》,中國人民大學出版社,1991 年 4
月,一版一刷,頁 287。

> 盡其所受夫天，而無見得，亦虛而已，至人之用心若鏡，不將不迎，
> 應而不藏，故能勝物而不傷。（〈應帝王〉）

直覺心境可以容納事物的自然本性，而不損傷事物之本性，這是一種撇開與物對待的主動認知途徑，而沈溺於萬物運化之中、被動感知的方式〔註246〕。

煉氣養生家將「滌除玄覽」的功夫，置於「載營魄抱一」及「專氣致柔」的功夫之後，意指精神專注，排除雜念、意守丹田（抱一），神不外馳，使精神同身體合一、而不分離，當心專一於氣，精化為氣，運行於全身脈絡，身體即如嬰兒般放鬆柔軟。煉氣家認為上述二個步驟是煉氣者必須遵守的要領，但在修煉行氣的過程中，偶有心神外馳、雜念紛飛的現象，如此則必須採取「滌除玄覽」的功夫。

杜光庭注解此句，曰：

> 滌者，洗也。除，理也；玄覽，心照也；疵，病也。人心耽染為起慾心，當須洗滌除理，使心照清靜，愛慾不起，能令無疵病乎？此教人修心也〔註247〕。

蔣錫昌校詁此句，亦有較為詳盡之闡述：

> 老子此語，仍承上文而導引。常人於閉目靜坐後，腦中即現種種日常聲色之現象。老子名此現象為「玄覽」。行導引者，應使此種現象完全驅之腦中之外，務令吾心海闊天空，不著一物，然後運氣乃能一無阻礙。「滌除玄覽，能無疵乎？」謂滌除種種妄見現象，務至一塵不染、一物不留也〔註248〕。

俞琰總結老子第一章煉氣之要義，說：

> 修煉之功，至簡至易，不過抱元守一，專氣致柔，如嬰兒耳。是故作丹之際，亦無他術，但虛心靜默，凝神自凝，息自定。息定而氣聚氣聚而丹成〔註249〕。

中國古代氣功自先秦之後，歷漢唐數代雖有極大的發展，但關鍵不脫上述老子所倡之準則〔註250〕。

〔註246〕參考那薇《道家的直覺與現代精神》，頁80。
〔註247〕見杜光庭《道德真經廣聖義》，《道藏》第14冊，卷11，頁367。
〔註248〕見蔣錫昌《老子校詁》，東昇，民國69年初版，頁61。
〔註249〕見俞琰《周易參同契發揮》卷中，王雲五主編，四庫全書珍本，頁8。
〔註250〕此段資料參考張榮明『中國古代氣功與先秦哲學』，桂冠，1992.01初版，頁146～頁147。

陸、莊子的養生思想

　　窺探莊子養生觀念，當以內篇〈養生主〉最具代表，外篇的〈達生〉篇，論及養生應是神完與自然化合為一，其勝義與〈養生主〉一篇可相互發明。王夫之說：

> 此篇於諸外篇中尤為深至，其餘內篇養生主、大宗師之說，獨得其要歸〔註251〕。

〈達生〉篇將莊子的養生思想發揮得更淋漓盡致，也將〈養生主〉中所埋下的伏筆做了更圓滿的說明。

> 篇名「養生主」之意，或以為莊子是以養生為重，然莊子對於生命本身乃順其自然，何須用養，況且生命亦不可養，軀殼再如何的完健，亦終歸腐朽。若以養生為重，那已是後來道教去老返童、養生長壽之術，並非莊子之意，故莊子「養生主」之意，應是將養生命的主體，涵養提昇生命中的真心、真宰，使至於高超境界，而能取得萬有宇宙中的美好回應，以呈顧生命的真幾。所以養生主一文是在闡明如何去滋養生命的主體，使它以最合理、最清暢的形態，活在這萬有乾坤之中，同時在精神的提昇之下，讓心靈能更加暢通無礙〔註252〕。

莊子的養生思想散佈在內、外、雜各篇當中，思想一貫脈絡相連，本篇以〈養生主〉為主，另輔以其他篇章之說。

〔註251〕見王夫之《莊子通・莊子解》，里仁，民國73年9月，頁154。
〔註252〕見陳文章〈莊子養生主理論過程之探討〉《鵝湖月刊》，民國67年1月3卷7期，頁27。

一、破除知的障礙

> 吾生也有涯，而知也無涯；以有涯隨無涯，殆矣！已而爲知者，殆
> 而已矣。爲善無近名、爲惡無近刑，緣督以爲經：可以保身，可以
> 全性，可以養親，可以盡年。

這是全篇的總綱。莊子開宗明義的點出「知」的迷惘是養生的大問題。

（一）知

「吾生也有涯，而知也無涯」此處「知」字應作知識解，非言智慧。智慧有高下之分，知識則以多寡分判。莊子看到個人生命的有限和知識無限的矛盾，爲了化解有限的個人生命難窮盡知識的不足，莊子擺脫世俗狹隘封固的見地（小知），而提出普遍恆常的眞理（大知）。

「知」的困惑是養生的大礙，如何消解世人對於「知」的迷惘，打破世人固有而錯誤的認知，莊子內七篇中均有提及。

1. 知的桎梏與突破

〈逍遙遊〉篇言鯤由小而大，「化」而爲鵬，搏扶搖而上九萬里，而後徙於南冥。蜩與學鳩囿於偏見，不解大鵬、發出嘲諷和譏笑。莊子在此點出小知不及大知、燕雀安知鴻鵠之志的議題。莊子以小年、大年；小知、大知的對舉來顛覆世俗封固的成見。文中批評蜩、學鳩，羨慕壽長如彭祖的世人。連博學多聞的惠施都不能理解眞知、令莊子發出「不亦悲乎」的感嘆。

莊子舉出四類人物，言由小知而大知、由有待而無待、從「知效一官，行比一鄉，德合一君，而徵一國者」至「己能定乎內外之分、辯乎榮辱之境」的宋榮子，至「御風而行、猶有所待」的列子，至「乘天地之氣、御六氣之辨，遊於無窮、無己、無功、無名、無待」的至人、神人、聖人。

「至人」是指人的極致。「無己」是破除我執，必須有「無己」破除我執的工夫才能談「無功」、「無名」的境界，而〈逍遙遊〉篇中只言境界，至〈齊物論〉始言工夫問題。

〈齊物論〉首言「喪我」的工夫，以「大音稀聲」的天籟解知，以知而超知。「天籟」故事末了，莊子以「大言炎炎，小言詹詹」來解說。「大言炎炎」，「炎炎」是大成的道之言，與「道隱於小成」前後呼應。意指言依據什麼而能判定是非？道被什麼隱蔽了而有眞僞？人懂得一點道理就執著此點，作爲判斷是非的依據，並非眞正的道。「小言詹詹」意同於

> 夫言非吹也？言者有言，其所言者特未定，果有言邪？其未嘗有言
> 邪？以其異於鷇音，亦有辯乎，其無辯乎？（〈齊物論〉）

眾人議論紛紛，只是聲音不同，並沒有真正的意義，如同鳥的叫聲，沒有判斷真理的根據。莊子說：

> 人之生也。固若是芒乎？其我獨芒。而人亦有不芒者乎？……未成
> 乎心而有是非，是今日適越而昔至也，是以無有為有，無有為有，
> 雖有神禹，且不能知，吾獨且奈何哉！（〈齊物論〉）

運用「以明」的工夫破除「成心」、「師心」的困惑。「未成乎心」指人有是非，因為人有主觀的成見，心裡有了執著，因此才會做這樣的判斷。人有「成心」，看待任何事物都不會正確，迷於幻象，產生是非得失，以己是言彼非。（故有儒墨之是非，以是其所非而非其所是）。莊子曰：

> 夫隨其成心而師之，誰獨且無師乎？奚必知代，而心自取者有之，
> 愚者與有焉。」（〈齊物論〉）

若以自己的成見作為是非判斷的標準，那麼人人皆有自己的標準。因此莊子又言：

> 方生方死，方可方不可。因是因非。是以聖人不由，而照之于天。（〈齊物論〉）

生與死，可與不可，是與非並起，世人執著一端以為標準，聖人去「成心」則「照之于天」，渾然一體，無生、死，可、不可，是、非的分別，是以「照之于天」才能明，由「成心」、「師心」而「常心」、「道心」，證會「道通為一」的大道。因此聖人不去批評是非，而加以調和，用無彼此之分的本然平息是非的爭論[註253]。消除彼此互相對立，莊子稱之為「道樞」，得到「道樞」，人的「真宰」、「真君」得以彰顯，如同掌握住環中的關鍵一般，可以應無窮的變化。

化解「知」的迷惘後，莊子進而言「知」的工夫：

> 有始也者，有未始有始也者，有未始有夫未始有始也者。（〈齊物論〉）

「有始也者」主張宇宙萬物有一個「開始」，「有未始有始也者」意謂宇宙萬物更有未曾開始的「開始」，「有未始有夫未始有始也者」深明宇宙萬物未曾有過那未曾開始的「開始」，莊子以世人普遍錯誤的認知，進而言哲學上的認知，提昇境界至放棄哲學的思辯與方法所見的「大知」。主張有始即主張有物，

[註253]〈齊物論〉說「是以聖人和之以是非，而休乎天鈞，是之謂兩行」。《莊子集釋》世界書局，頁35。

主張無始，則主張無物。無論執著有或無的一端，都是妄見，因此能依此工夫而行則有三種境界：

> 有以爲未始有物者。至矣。盡矣。不可以加矣。（〈齊物論〉）

此言物我之見皆不生之最高境界，是知的極致。

> 其次以爲有物矣，而未始有封。（〈齊物論〉）

其次，言有整體的存在，但在存在中，仍有存在而不加以區別的境界。

> 其次以爲有封焉，而未始有是非。（〈齊物論〉）

其三，言以爲萬物有別了，而不認爲有是非的更下層境界。而莊子認爲世人則處於更下等的「是非之彰也，道之所以虧也」的境界。

破除「知」的桎梏，則「天地與我並生，萬物與我合一」。由此言之，養生即是養心，養心首要在養知。人若上於他所不知的，就達到知的極致了。能懂得不須用言語去辯論，去稱說不可說明的大道，這樣的心叫做「天府」，這樣的境界稱之爲「葆光」〔註254〕。

2. 從養知養心進而養德

〈德充符〉篇將「知」由「養心」言至「養德」的境界，養生之要義在於由知而入德。王夫之曰：

> 充者，足於內也；符者，內外合也。內本虛而無形可執，外忘其形，
> 則內之虛白者充可驗也。

又曰：

> 神無二用，侈於容貌者，其知必蕩；於是榮辱、貴賤、貧富、老壯，
> 交相形以相爭，是有德之容，人道之大患也。能忘形而後能忘死生，
> 能忘死生而後能忘爭競〔註255〕。

〈德充符〉曰：「德有所長，而形有所忘」，「德者，成和之脩也。」和，是德的特質，又說：「不知耳目之所宜，而遊心乎德之和。」如果懂得萬物一體的道理，便不會關心耳目宜於何種聲色，據此而產生執著追逐，如此心靈才能翱遊於道德的最高境界。即同於〈養生主〉篇中所言「官知止而神欲行」，〈德充符〉篇中所說的：「知不可奈何而安之若命，唯有德者能之」的道理。

是以當知盡一步發展爲養心、養德，莊子點出養生的宗旨即在「德」字

〔註254〕齊物論曰：「往焉而不滿，酌焉而不竭，而不知其所由來，此之謂葆光」。《莊子集釋》，頁42。

〔註255〕見王夫之《莊子通·莊子解》，里仁，民國73年9月，頁47。

上。莊子提出有德者的境界與形象爲「才全而德不形者」。〈德充符〉曰：

> 死生存之，窮達富貴，賢與不肖毀譽，飢渴寒暑，是事之變，命之
> 行也；日夜相代乎前，而知不能規乎其始者也。故不足以滑和，不
> 可以入靈府。使之和豫，通而不失於兌；使日夜無郤，而無物爲眷，
> 是接而生時於心者也。是之謂才全。」「何謂德不形？」曰平者，水
> 停之盛也。其可以爲法也，內保五而外不蕩也。德者，成和之修也。
> 德不形者，物不能離也。

「才全」是以無心之心應順一切變化的有法者，而有德者德不形（德無所表現），萬物自然歸附他而不離去，莊子於〈德充符〉篇中所描寫的「畸人」，「無死無生，無可無不可，乃外充于『天府』，內充于『靈府』」〔註256〕是神人、至人的另一種描寫，其含德之厚則無所差別。

〈大宗師〉篇則言「有眞人而有眞知」，明學道的工夫在於如何獲得眞知，成爲眞人。莊子曰：

> 知天之所爲，知人之所爲，至矣。知天之所爲者，天而生也。知人
> 之所爲者，以其知之所知，以養其知之所不知，終其天年而不中道
> 夭者，是知之盛也。（〈大宗師〉）

此處莊子言死生如一、天人合一之理。王夫之曰：

> 合生與死，天與人，而一其知，則生而未嘗生，死而未嘗死，是乃
> 眞人之眞知〔註257〕。

然而何謂眞人？獲得眞人的眞知有何大用？

> 古之眞人，不逆寡，不雄成，不謨士。若然者，過而弗悔，當而不
> 自得也。若然者，登高不慄，入水不濡，入火不熱。是知之能登假
> 于道也若此。」（〈大宗師〉）

言有眞知則能忘取舍、成虧、毀譽。三者皆忘，遊於世間順無險阻，災害自不能及。而「水火固無濡人蓺人之心，將勢自己，何能爲患也？」〔註258〕此言同於「無以外物內傷其身。」（〈大宗師〉）外物並無傷人之意，人自取自傷。

> 古之眞人，其寢不夢，其覺無憂，其食不甘，其息深深。眞人之息
> 以踵，眾人息以喉。屈服者，其嗌言若哇，其嗜欲深者，其天機淺。

〔註256〕見《莊子集釋》，頁97。
〔註257〕見王夫之《莊子通・莊子解》，頁57。
〔註258〕同上註。

（〈大宗師〉）

此言眞人與世人之別，眞人「氣斂心虛而夢不起」〔註259〕，

> 斂浮明而返眞知，則氣亦沉靜以內嚮，徹乎踵矣，天機承息以升降，
> 息深則天機深矣〔註260〕。

而凡人嗜欲塡胸，追逐耳目聲色之宜，以外在的刺激喜怒爲用，躁氣賁發，動氣狂爭，精神耗損，靈府壅塞，不知何以如此，與眞人對比，實爲可悲。

> 古之眞人，不知悅生，不知惡死。其出不訢，其入不距，翛然而往，
> 翛然而來而已。（〈大宗師〉）

此王夫之言爲「眞知之本」。生死皆爲天，無論好或惡均不能益生或不死，眞人戳破生死，死生如一，世人則執於一端，好生惡死，囿於小大、是非、榮辱之境，日夜奔馳於一方，心隨境轉，浮沉輾轉，心狂蕩而不能止，耗精勞神而不自知。莊子再三言眞人的境界，與世人相貌形成強烈對比，突顯眞知的可貴。然而世人習氣深固，以執著一端爲常，如何能做到莊子所謂的「相忘於江湖」、「兩忘而化其道」？莊子描寫許多故事，借此說明有德的眞人，如何修行、得到眞知的方法。

一言攖寧——即言能在一切變化紛擾中，保持絕對寂靜的心境，就算是形體的存亡，也不足爲憂喜。而人爲物所結，心有束縛如同倒懸於空中、不能自解，然而莊子說：

> 攖寧者，物自結而我自解……故遊可逍遙，物論可齊，人間世可入，
> 帝王可應，德無不充，而所養者一於其王〔註261〕。

此類得道之人乃能「安時而處順，哀樂不能入」，則其學道工夫乃養生的工夫。

次言「坐忘」——先言忘仁義，再言忘禮樂，三言墮肢體、黜聰明、離形去知、同於大通，此謂坐忘。能達此境界則如王夫之所言「同於大道，則不好其形。任天之化，無往不可」〔註262〕。能冥合生死，遊于生死，安於自然的安排而順應變化，就能進入虛無境界與天合爲一體。

〈大宗師〉篇言知，旨在領悟天人合一的道理，才是眞知，唯得眞知，脩德養生才有依據。而〈應帝王〉篇則明眞知與至德交融、道通爲一。

〔註259〕同上註，頁58。
〔註260〕同上註，頁58。
〔註261〕同上註，頁65。
〔註262〕見王夫之《莊子通·莊子解》，頁69。

〈應帝王〉首言「齧缺問於王倪，四問而四不知」，齧缺問是、非、物、我的對待關係，王倪以不知回應，不知是、不知非、不知物、不知我，是、非、物、我，本冥合無別，以己是言人非，以己內立物外皆不合於道，因此王倪大喜，此意旨不知之知始爲眞知與大知。繼而言：

> 有虞氏不及泰氏。有虞氏：其猶藏人以要人，亦得人矣，而未始出於非人。泰氏：其臥徐徐（安舒貌），其覺于于（無知貌），一以己爲馬，一以己爲牛；其知情信，其德甚眞，而未始入于非人。（〈應帝王〉）

此段將心懷仁義、要結人心，得到眾人愛戴，但從未擺脫事務繫累的有虞氏，與渾同自然、德性淳實，而從不受外物牽累繫絆的泰氏做對比，因此王夫之言：

> 我者爲是，人者爲非，則以我之是，治人之非，懷挾仁義，以要天下，唯此非人之一見爲之畛封而成八德[註263]。

唯如「其知情信，其德甚眞」的泰氏，能冥合于大宗，若應之以帝王之位，即使入于囂擾紛亂之境，心能常寧，而天下豈能不寧？

> 天根適無名人而問焉：『請問天下？』……無名人曰：「汝遊心于澹，合氣於漠，順物自然，而無容私焉，而天下治。」（〈應帝王〉）

意謂心存淡漠，順物之自然，而不容私人之意見與主張來懸舉一標準，以此標準作爲群倫領導的方向，或一切勿使遠離此標準的限制。唯「才全而德不形」（〈德充符〉）「不悅生而惡死」（〈德充符〉）可以養生，即可以養民。莊子之學本爲內聖外王之學，養生爲內聖工夫，而帝王的外王事業，乃不自任爲帝王，是帝王適至而我應之自然。因此莊子又云：

> 南海之帝爲儵，北海之帝爲忽，中央之帝爲渾沌。儵與忽時相與遇於渾沌之地，渾沌待之甚善。儵與忽謀報渾沌之德。曰：『人皆有七竅，以視聽食息，此獨無有。』嘗試鑿之。日鑿一竅，七日而渾沌死。（〈應帝王〉）

此亦明相同道理。錢穆先生言：

> 一切物皆有知，皆有爲，皆自恃，皆自喜，天獨無知，又無爲，因此天獨不見有所恃，有所喜。一切有知有爲之物，則莫不各有其自有之標準與道，因此一切物皆平等，皆自由。
>
> 惟天高出一切物之上，故天轉不能私有一標準與私有一道。……故

〔註263〕見王夫之《莊子通·莊子解》，頁70。

一切人皆可各自有其一己所宜之標準與道，而君臨其上之皇帝，則
不能私有一標準，私有一道，甚至不該有七竅。因有了七竅，便自
然會有知有爲，因此遂自恃自喜，因此將自具標準，自有道，而如
是便不應爲帝王，此乃莊周論政之大義〔註264〕。

莊子心中理想的帝王相貌，就如接輿口中藐姑射山神人一般的人物，不復肯
弊弊焉以天下爲事，對於一切權術功利漫不經心，而這此內懷聖人之德的智
者，始有爲帝王之資格。

莊子最後以壺子的至道，總結應帝王的道術，其道在「虛」而自有委蛇
之妙用，其用則在「應」，而應之以無窮，由此大小可遊，物論可齊，德無不
充，人間世可入，而死可忘，生亦可養。「依乎天理」，「因其固然」（〈養生主〉）。
莊子養生旨趣在此，莊學爲道之樞紐亦在此。

莊子在〈德充符〉篇說：「故聖人有所遊，而知爲孽……聖人不謀，惡用
知？」而〈養生主〉篇一開始就點明「爲知」的結果即是生之「殆」，對於「知」
的破解，莊子由儒墨是非與惠施辯者的小知，相應於大道之眞知，說明小知
對於養生之大害，由破是非至破生死，由養生而養神，去小知而大知明，去
掉人的成見，而後始「依乎天理」，能「依乎天理」則可逍遙自得，而世人對
生死執著最難安頓，養生並非冀求長生不死，生死皆自然之大化，悅生惡死
乃「遁天之刑」，是養生之害，養生重在養神，唯有安時處順，則倒懸之苦、
生之繫累，方能自解，養神進而養德才是莊子養生之宗旨，唯有德者能知其
不可奈何而安之若命，是以至德與眞知交融，道乃通而爲一。

（二）「爲善無近名，爲惡無近刑」

成玄英疏：

爲善也，無不近乎名譽，爲惡也，無不鄰乎刑罰。是俗智俗學，適
有疲役心靈，更增危殆〔註265〕。

莊子之意，人爲善即近於求名，人有名聲亦有危險，爲惡則遭刑罰，爲善爲
惡皆屬不智，須善惡兩忘，才合乎道。莊子爲了愛其生而養其生，恬淡自處、
隱逸山林，遠離名利之弊害。他說：

鷦鷯巢於深林，不過一枝；偃鼠飲於河，不過滿腹（〈逍遙遊〉）。

〔註264〕見錢穆《莊老通辨》東大，民國 80 年 12 月初版，頁 122。
〔註265〕見《莊子集釋》，頁 116。

夫天地非不廣且大也，人之所用容足耳（〈外物〉）。

不受外在名利之招引，適性自然遨遊於天地之間，近名則遭嫉，遭嫉則世俗是非不能避，必有禍患，因此莊子說：

不傲倪於萬物，不譴是非，以與世俗處（〈天下〉）。

即萬物、人我、是非皆境，一切境不入於心，不傲倪亦不譴責，不將萬物、人我及是非生硬分割，不以為己貴彼賤，與世俗同處於當下而不分別，是以莊子又說：

有人之形，無人之情。有人之形，故群於人；無人之情，故是非不
得於身（〈德充符〉）。

隱晦自己的才能與光芒，形跡勿露、鋒芒內斂，老子也提出同樣的主張，說：「挫其銳，解其紛，和其光，同其塵」（〈第 4 章〉），所以莊子以無用之用為大用，以材為殃，不材為祥，以明此理。

莊子以「己獨曲全，苟免無咎」（〈天下〉）之態度虛心處世，精神超越不與世合流，依順自然保持真性，

上與造物者遊，下與外在死生無終始者為友」（〈天下〉）

超越一切是非、善惡、生死之分別對待，遊世而不避世，順人而不失己，是以莊子言養生即在養心，其道在虛，虛則能和、能遊、能化。「虛者，心齋也」（〈人間世〉）〔註266〕，虛以待物、虛以應世，則「知忘是非，心之適也」（〈達生〉）。

〈逍遙遊〉言：「聖人無名」蓋因莊子崇實無名，近名則不虛，不虛則不能遊。〈應帝王〉篇中曰：

無為名尸，無為謀府；無為事任，無為知主。體盡無窮，而遊無朕；
盡期所受乎天，而無見礙；亦虛而已。

「尸」成玄英疏：「主也。」意謂不為任何聲名之主，絕棄求名的心思，絕棄策謀的智慮、專斷的行為，和巧智的作為，體悟大道的無窮，而逍遙遊心於寂靜的境域，秉受著自然的本性，不自以為有所得，這也不就是心境的空明。王夫之說：

名也，謀也，事也，知也，皆自以為治天下而祇以紛也。四者虛，
無不虛矣〔註267〕。

〔註266〕〈人間世〉曰：「一若志，無聽之以耳，而聽之以心；無聽之以心，而聽之以氣。
　　　　氣也者，虛而待物者也。唯道集虛，虛者，心齋也」。《莊子集釋》，頁68。
〔註267〕見王夫之《莊子通・莊子解》，頁75。

虛才能遊，〈大宗師〉篇說：

> 吾師乎！吾師乎！韲萬物而不爲義，澤及萬世而不爲仁，長於上古
> 而不爲老，覆載天地，刻雕眾形，而不爲巧，此所遊已。

所謂「無近刑」者，依莊子之意，刑有天刑、內刑、外刑之分。

1.（1）天刑

在〈德充符〉篇中叔山無趾答老聃之語曰：「天刑之，安可解？」天刑既不可解，無所遁逃於天地之間，如此唯有「知其不可奈何而安之若命。」〈德充符〉中還有一段子產不願意和受過刑戮的申徒嘉同行的故事，王夫之解此段話說：

> 子產以寓者象者爲生之主，而雜用其知，故見有執政，有刑人，而
> 不知皆塵垢也。形爲遺土而不足惜，形爲塵垢而由不足以留。大明
> 之鑑，充滿于天地萬物，則天地萬物皆效其符，何形之足言哉？若
> 亂世之淫刑不可逃，黠人之匿過以幸免，皆偶然也，命無不可安也
> 〔註268〕。

意謂能多知其無可奈何，而能安心順命，只有德全的人才能做到。而此處「爲善無近刑」之刑，當係指內刑、外刑而言。

（2）內刑、外刑

> 爲外刑者，金與木也。爲內刑者，動與過也。宵人之離外刑者，金
> 木訊之；離內刑者，陰陽食之。夫免乎外內之刑者，爲眞人能之。（〈列
> 禦寇〉）

〈人間世〉篇中葉公子高出使齊國的故事，將人世間處之充滿「陰陽之患」的內刑與「人道之患」的外刑，內外交迫的窘境表達的更生動：

> 葉公子高將使於齊，問於仲尼曰：
> 「王使諸梁也甚重，齊之待使者，蓋將甚敬而不急。匹夫猶未可動，
> 而況諸侯乎！無甚慄之。吾嘗語諸梁也曰：『凡事若小若大，寡不
> 道以懽成。事若不成，則必有人道之患；事若成，則必有陰陽之患。
> 若成若不成而無後患者，唯有德者能之。』吾食也執粗而不臧，爨
> 無欲清之人。今吾朝受命而夕飲冰，我其內熱與！吾未至乎事之
> 情，而既有陰陽之患矣；事若不成，必有人道之患，是兩也。」（〈人

〔註268〕同上註，頁77。

間世〉）

早上才接受出使的命令，到了晚上葉公子高已經憂勞成疾，患了內熱的疾病（陰陽之患），出使的任務若要成功，必定憂勞成疾，若不成功則必受到懲罰（人道之患），無論成與不成災難都不能減少。所以王夫之說：「人間世皆桎梏也。」能夠擺脫這內刑、外刑交迫，不受到災患的也只有有德的人才做得到。「若成若不成而無後患者，唯有德者能之。」（〈人間世〉）能免乎外內之刑者，唯有眞人能之。所謂眞人適有德之人。唯有德者（眞人、至人、神人、聖人）才能免於刑。

如上述，葉公子高因即將出使齊國，內心「甚慄」，故而患「內熱」之疾。〈莊子・庚桑楚〉言：

> 寇莫大於陰陽，無所逃於天地之間。非陰陽賊之，『心』則使然也。

葉公子高奉命出使，尚未成行，身體便陰陽失調，患「內熱」之疾，正式由於其「心」過度焦懼所導致。〈人間世〉：「言人之不以好惡內傷其身。」意謂心神的耽慮，引發內熱；情感的好惡，導致「內傷其身」，莊子主張勿使好惡傷及己身的同時，亦肯定了心神的狀態。心足以成疾，唯有滌除好惡、哀樂、驚懼、嗜欲的恬澹虛靜的「有德者」，才能「哀樂不施於前」（〈人間世〉），「知其不可奈何而安之若命」（〈德充符〉），才能排除由心神煩亂所引起的疾病。

2. 「為善無近名，為惡無近刑」新解

自古注莊解莊者，大多以善惡爲相對的道德意義解。王叔岷〈莊子「爲善無近名無近刑」新解〉一文頗有新意，說道：

> 所謂善、惡，乃就養生言之。『爲善』，謂『善養生』。『爲惡』，謂『不善養生』。『爲善無近名』，謂『善養生無近於浮虛』。益生、長壽之類，所謂浮虛也。『爲善無近刑』，謂『不善養生而近於傷殘』。勞形、虧精之類，所謂傷殘也」〔註269〕。

（1）益生，長壽之類，是所謂浮虛者

> 吹呴呼吸，吐故納新，熊經鳥申，爲壽而已矣，此道引之士，養形之人，彭祖壽考者之所好也。（〈刻意〉）

莊子言下對此類道引之士、養形之人，頗不以爲然，《莊子》中的養生思想是以靜養神，《莊子・天道》篇說：「無爲則俞俞，俞俞者憂患不能處，年壽長

久」。意謂無爲就和樂，心裏和樂則外界憂患不能侵入內心，心裡和樂則外界憂患不能侵入內心，那麼年壽就久長了。然而「無爲」從何而來？莊子曰：「靜則無爲。」（〈天道〉）如何能靜？莊子說：

> 聖人之靜也，非曰靜也善，故靜之，萬物無足鐃心者，故靜也。水靜則明燭鬚眉，平中準，大匠取法焉。水靜猶明，而況精神，聖人之心靜乎！天地之鑑也，萬物之鏡也。夫虛靜恬淡寂寞無爲者，天地之本，而道德之至，故帝王聖人休焉。」（〈天道〉）

聖人的清靜是萬物不足以攪擾內心才清靜的，水清靜則可明澈照人，何況是精神上的清靜呢？聖人內心清靜，可以作爲天地的明鑑、萬物的明鏡。那虛靜、恬淡、寂寞、無爲的，乃是天地的本原鑑、萬物的明鏡。那虛靜、恬淡、寂寞、無爲的，乃是天地的本源和道德的極致，所以古代的帝王聖人都休止在這至善的境地上〔註270〕。

　　莊子意謂「萬物無足鐃心」的清靜才是養生的重點，而刻意執著於追求形體的損益及壽命之長短都限於「有爲」，而且頤養形體離不開物，縱使財貨衣食富足了，而不能頤養形體的仍舊很多。所謂「養刑必先之物，有餘而刑不養者有之矣。」〈達生〉，莊子因此感嘆地說：

> 悲夫！世之人以爲養刑足以存生；而養刑果不足以存生，則世莫足爲哉！」〈達生〉

莊子認爲世間養刑之事不值得去做，若流爲俗見，則明知不必要不值得的事還是去做了，不如拋棄世俗之見。所以莊子說：

> 雖不足爲，而不可不爲者，其爲不免矣。夫欲免爲行者，莫如棄世。棄世則無累。〈達生〉

足見益生、長壽流於養刑之事有違莊子「棄世」之旨。而

> 若夫不刻意而高，無仁義而修，無功名而治，無江海而閒，不道（同導）引而壽，無不忘也，無不有也，淡然無極，而眾美從之；此天地之道，聖人之德也。故曰：『夫恬淡、寂寞、虛無、無爲，此天地之平而道德之質也。』」〈刻意〉

莊子認爲淡泊恬靜、清淨無爲是天地的根本、道德的本質，因此聖人安靜無爲，平易淡泊，憂患不會來臨，邪氣也不會侵襲，所以能道德完備而神氣靜寂不虧損，能夠「德全而神不虧」〈刻意〉才是莊子養生要旨的最高境界。

〔註270〕參考黃錦鋐《莊子讀本》一書，三民書局，民國78年10月，九版，頁175。

（2）勞刑、虧精之類，所謂傷殘

莊子〈德充符〉最末一段故事，記載莊子與惠施二人辯論人有情無情的對話：

> 惠子謂莊子曰：『人固無情乎？』
>
> 莊子曰：『然。』
>
> 惠子曰：『人而無情，何以謂之人？』
>
> 莊子曰：『道與之貌，天與之形，惡得不謂之人？』
>
> 惠子曰：『既謂之人，惡得無情？』
>
> 莊子曰：『是非吾所謂情也。吾所謂無情者，言人之不以好惡內傷其身，常因自然而不益生也。』
>
> 惠子曰：『不益生，何以有其身？』
>
> 莊子曰：『道與之貌，天與之形，無以好惡內傷其身。今子外乎子之神，勞乎子之精，倚樹而吟，據槁梧而瞑；天選子之形，子以堅白鳴！』

很顯然莊子與惠施所言的「益生」並非同一個概念，惠子所謂的「益生」有資生、養生之意，而莊子所言的「益生」，依王夫之言：

> 道與之貌，則貌之美惡皆道也。天與之形，則形之全毀皆天也。忘其內而飾其外，外神勞精，皆于生之外而附益也〔註271〕。

有益則有損，常因自然則無所益亦無所損，才不背道違天。莊子取笑惠施徒損消耗精神，勞苦精力，在樹下高談闊論，弄得心神疲弊，依靠著樹木打瞌睡，天給了形體，而不知順應自然，卻以「堅白」的詭論來自鳴得意。

就莊子看來，惠施如此傷精勞神是無益於養生的，文中莊子提出「無以好惡內傷其身」的養生工夫。意謂人不應因為自己的好惡，而損傷自己天性。而

> 人悅生惡死，好達惡窮，好富而惡貧，好譽而惡毀，所好為賢，所惡為不肖〔註272〕。

人有所好則追求，人有惡則逃避，求之不得則苦，避之不及亦苦，無論好惡皆陷於苦境，終究不得不「內傷其身」。所以莊子說：

> 悲樂者，德之邪；喜怒者，道之過；好惡者，德之失。故心不憂樂，

〔註271〕見王夫之《莊子通‧莊子解》，頁 55。
〔註272〕同上註。

德之至也。(〈刻意〉)

因此無論偏執於悲樂、喜怒、好惡的任何一方,都是大道的偏差、道德的邪僻與消亡,唯有恬靜淡泊、清靜寂寞,心中沒有憂愁,也沒有歡樂,才是道德的極致。

所以養護神氣的至道,在於純靜而不混雜,靜寂專一而不變動,淡泊無為,動靜皆以自然為依歸,如此純和樸素,即能不虧損精神而能體悟「純」「素」道理的人,就稱為真人。莊子說:

> 故素也者,謂其無所與雜也;純也者,謂其不虧其神也。能體純素,
> 謂之真人。(〈刻意〉)

因此唯有靜心養神,順應天地自然之性,才是養生最好的途徑,

> 刑勞而不休則弊,精用而不已則勞,勞則竭。』故曰:『純粹而不雜,
> 靜一而不變,淡而無為,動而以天行,此養神之道也。』(〈刻意〉)

3. 緣督以為經

「緣督以為經」一句,郭象說:「順中以為常」,自古注家大抵以此為註解。

「緣督以為經」句為養生之要點,言養生宜適中、不可有所執,有所偏,過與不及皆非養生之旨。如何養而適中?即「依乎天理」、「因其固然」。《莊子·達生》篇舉例說:

> 開之曰:「聞之夫子曰:『善養生者,若牧羊然,視其後者而鞭之。』」
>
> 威公曰:「何謂也」
>
> 田開之曰:「魯有單豹者,巖居而水飲,不與民共利,行年七十而有嬰兒之色,不幸遇餓虎,餓虎殺而食之。有張毅者,高門縣薄,無不走也,行年四十而有熱病。豹養其內而虎食其外,毅養其外而病攻其內,此二子者,皆不鞭其後者也。」

單豹修養其內心,而被虎食其形軀;張毅養其外形,而熱病入侵其內心,二者所養各有偏執,而遭罹禍,唯有養而適中、不執一端,始得全生,所以孔子說:

> 不要藏匿已經深入的東西,不要表露已經在外的事物,無心像樹木
> 一樣的立在中道。這三項能做得到的話,那就可稱為至極的聖人了
> [註273]。

〔註273〕見《莊子·達生》篇:「仲尼曰:『入無而藏,無出而陽,柴立其中央。三者

可見「緣督」之意，是說人的行為當在「善」與「惡」兩極端之間，從而即可避免昭來「名」或「形」這兩個皆有害於生的結局。「鞭後」的意思，是說外患、內戕皆是吞噬生命的力量，善養生者，應當是外有所防、內有所養，偏內偏外，偏入偏出，皆為不當〔註274〕。

「緣督以為經」，此句成玄英疏曰：

> 緣，順也。督，中也。經，常也。夫善惡兩忘，刑名雙遺，故能順一中之道，處真常之德，虛夷任物，與世推遷。蕭生之妙，在乎茲矣〔註275〕。

由此看來，莊子在〈養生主〉所論之養生，實以「緣督以為經」為主要指標，以「為善無近名，為惡無近刑」為綱要。此「緣督」乃是心之順中而為常，工夫仍是在心上做，養生不在積極地對此現實生命之豢養，而在心上之虛靜無執、順而不傷，此乃真正之養生〔註276〕。

「督」字，有以「虛」字作解者，然莊子何不直言「緣虛」或「緣中」，而但言「緣督」？王船山《莊子解》說：

> 身前之中脈曰任，身後之中脈曰督。

陳壽昌《南華真經正義》說：

> 緣，順也。督，督脈。經，猶徑也。督脈下貫尾閭，上通泥丸，練氣開關，以此為經絡〔註277〕。

據此而言，顯然這是一套修煉的工夫，只因在莊子書中再無「督」字做為旁證，未敢遽以認定；但就內七篇中觀察，〈齊物論〉談喪我、〈人間世〉談心齋、〈大宗師〉談攖寧、坐忘，皆有一套修身養性的方術。則督即督脈，乃言而有徵〔註278〕。羅光認為：

> 然而氣的思想，則是莊子的思想。天氣、地氣、六氣，為天地萬物所以生存的元素，氣不調和、天地萬物都受害。人身中也具有有形之氣，人的身體由氣而成。《莊子‧達生》篇裏，魯侯問梓慶：為什

　　若得，其名必極』。」此段翻譯參考，黃錦鋐《莊子讀本》，三民，民國78年10月九版，頁227。

〔註274〕見《莊學研究》，崔大華著，人民出版社，1992年11月初版，頁202。

〔註275〕郭慶藩《莊子集釋》，河洛圖書出版，民國69年8月，頁115。

〔註276〕參見高柏園〈論莊子與嵇康的養生論〉《鵝湖月刊》，第十五卷，第四期。

〔註277〕見陳壽昌《南華真經正義》，新天地書局，民國66年7月，再版，頁45。

〔註278〕參見蔡明田〈莊子的養生觀念〉，《大陸雜誌》，第七十一卷，第五期，民國74年11月，頁205。

慶削木作成鐻，見者驚爲鬼神。梓慶答說：「臣工人，何術之有！雖
然，有一焉，臣將爲鐻，未嘗敢以耗氣也，必有以靜心」。這種氣不
是普通所謂氣力，而是人的精神。梓慶所以說是「凝神」，〈養生主〉
篇文惠君問庖丁解牛之術，庖丁說是神會。凝神和神會，都是人身
之氣的工作，文惠君乃說從庖丁的話，知道了養生之道，即是不傷
神，也就是不耗氣〔註279〕。

天地人物都具有氣，因氣而得形，莊子說：「萬物以形相生」，這種氣不是泰
初之氣，是由泰初之氣變化而有，是人物所具體存在的元素。葉海煙說：

> 至於『緣督以爲經』（《莊子·養生主》），以氣循環人身的運動，作
> 爲修身的基本條件〔註280〕。

李時珍《奇經八脈考》對此亦有闡述：

> 任、督二脈，人身之子、午也。……人能通此兩脈則兩脈皆通。

又曰：

> 鹿運尾閭，能通督脈，龜納鼻息，能通任脈，故兩物皆長壽。

此言「緣督以爲經」爲古代氣功的一種方法，李時珍認知任、督二脈是「丹
家陽火陰符升降之道，坎離水火交媾之鄉。」（〈奇經八脈考〉）清·王夫之《莊
子解》此句亦同有所指：

> 身前之中脈曰任，身後之中脈曰督。督者居靜，而不倚於左右，有
> 脈之位而無形質者。『緣督』者，以清微纖妙之氣循虛而行，止於所
> 不可行，而行自順以適得其中〔註281〕。

自古注家註解「緣督以爲經」爲「順中以爲常」〔註282〕，是從儒家角度來解，
王夫之等人則從古代氣功導氣的角度著眼，然而莊子的時代氣功發展的狀況
如何？本文在此簡略討論。

> 文獻上記載了這一古老的起源。《路史》前紀卷九說：『陰康氏時，
> 水瀆不疏，江不行其原，陰凝而易悶，人既郁於內，腠理滯著而多
> 重腿，得所以利其關節者，乃制爲舞，教人引舞以利導之，是謂大
> 舞。』遠古時候，江水泛濫，濕氣瀰漫，先民普遍得了關節不利的

〔註279〕參見羅光《中國哲學史·先秦篇》，學生，民國76年11月，二刷，頁510。
〔註280〕參見葉海煙〈莊子哲學的「陰陽」概念〉，《文史哲學報》，四十五期，民國
　　　　 85年12月，頁142。
〔註281〕見王夫之《莊子通·莊子解》，里仁，民國73年9月，頁38。
〔註282〕見郭慶藩《莊子集解》，萬卷樓，民國83年3月初版，頁117。

　　『重腿』之症，對此『乃制爲舞』、『水利導之』〔註283〕〔註284〕。

《莊子‧刻意》篇有「導引」之說，唐‧王冰《黃帝素問注》說：「導引，謂搖筋骨，動支節。」古代先民「引舞以利導之」，其目的是爲了治療疾病，然而先民「引舞以利導之」的動作，是模仿動物而來。《呂氏春秋‧古樂篇》載：「昔葛天氏之樂，三人操牛尾投足以歌八闋……。」《莊子‧刻意》也記載類似的事：「吐故納新，熊經鳥伸。」「熊經鳥伸」是莊子描繪古代煉氣養生之人的生動形象，古代言行氣，往往和導引結合，西元1972年長沙出土漢墓帛書的導引圖中，繪有許多氣功導引的形象，如「龍登」、「鷂背」、「熊經」，似猴、虎、豹狀。《淮南子‧精神》：

　　　　若吹呴呼吸，吐故納新，熊經鳥伸，鳧浴蝯躩，鴟視虎顧，是養形
　　　　之人也。

又《抱朴子‧內篇‧雜應卷》也載有：

　　　　龍導虎引，熊經龜咽，鷰飛蛇屈，猿據鳥伸，兔驚。

可以見得古代氣功猶模仿動物姿態而來。

　　　　如前述，伏羲之前的「陰康氏之舞」大抵是一種「熊經鳥伸」式的引導氣功。先民「熊經鳥伸」似地大舞一番，自然氣血流暢，久而久之，一股內氣在體中流汗，如此便逐漸對全身的經絡有了一些粗淺的認識和體會〔註285〕。明‧李時珍亦指出：「內景隧道（指經絡），唯反觀者能照察之。」《瀕湖脈學‧奇經八脈考》、馬王堆出土的《脈灸經》一書也已經記載了人體經絡。

　　　　《莊子》書中也有一些關於煉氣與行氣境界的描寫與記載：

1. 〈馬蹄〉：「夫赫胥氏之時，民居不知所爲，行不知所之，含哺而熙，鼓腹而游。」〔註286〕

2. 〈大宗師〉：「古之眞人，其寢不夢，其覺無憂，其食不甘，其息深深。

〔註283〕孟頠《帝王傳錄》引《教坊記》：「昔陰康氏，次葛天氏，元氣肇分，災疹未弭，民多重腿之疾，所以通利關節，是始利舞」。

〔註284〕資料轉引自張榮明《中國古代氣功與先秦哲學》，桂冠，1992年1月初版一刷，頁30。

〔註285〕參考張榮明《中國古代氣功與先秦哲學》，桂冠，1992年1月初版一刷，頁30。

〔註286〕見郭慶藩《莊子集解》引俞樾之言曰：「釋文引司馬云：『赫胥氏上古帝王也，此爲允當』……赫胥疑即《列子》書所稱華胥氏。華與赫，一聲之轉；《廣雅‧釋器》：「赫，未也」而古人名未者字華，羊舌未字伯華，公西未字子華，是也。是華亦未也。未亦赫也，亦謂之華，可證赫胥即華胥矣」。萬卷樓，民國83年3月初版，頁314。

眞人之息以踵，眾人之息以喉。」

3. 〈達生〉：子列子問關尹曰：「至人潛行不窒，蹈火不熱，行乎不物之上而不慄。請問何以至此？」關尹曰：「是純氣之守也，非之巧果敢之列。」

4. 〈大宗師〉：「夫道，……伏戲氏得之，以襲氣母。」

上述所舉，莊子對於氣描繪已有絕妙精闢的說明，對於煉氣所產生人體眞氣運行的作用，已有了相當的認識。

由此可知，在莊子的年代，吐納、導引、食氣、行氣、調息、靜坐、禪定等養生氣功的發展，已經十分成熟發達。而此句「緣督以爲經」句，王夫之等人以氣行經脈的角度來詮釋莊子之意，似亦信而有徵。

「緣督以爲經」，王夫之解以：

清微纖妙之氣循虛而行，止於所不可行，而行自順以適得其中。

來描寫一種心無雜念之後，身體自然運行的一種眞氣，此眞氣循「虛」而行，「緣督以爲經」即是要守一「純氣」〈達生〉。（王夫之言爲生氣、和氣，即生起一種非天地狀態原有的氣）而守此「純氣」的工夫在〈達生〉篇中莊子有釋述，守此「純氣」後的境界則同於〈齊物論〉之「喪我」。〈人間世〉之「心齋」；〈大宗師〉之「攖寧」、「坐忘」；守此「純氣」的功效，則在於「可以保身、可以全生、可以養親、可以盡年。」

二、物我爲一之境

庖丁爲文惠君解牛，牛之所觸，肩之所倚，足之所履，膝之所踦，砉然嚮然，奏刀騞然，莫不中音。合於桑林之舞，乃中經首之會。文惠君曰：「譆，善哉！技蓋至此乎？」庖丁釋刀對曰：「臣之所好者道也，進乎技矣。始臣之解牛之時，所見無非牛者。三年之後，未嘗見全牛也。方今之時，臣以神遇而不以目視，官知止而神欲行。依乎天理，批大郤，導大窾，因其固然。技經肯綮之未嘗，而況大軱乎！良庖歲更刀，割也；族庖月更刀，折也。今臣之刀十九年矣。所解數千牛矣，而刀刃若新發於硎。彼節者有間，而刀刃者無厚。以無厚入有間，恢恢乎其於遊刃必有餘地，是以十九年而刀刃若新發於硎。雖然，每至於族，吾見其難爲，怵然爲戒，視爲止，行爲遲。動刀甚微，謋然已解，如土委地。提刀而立，爲之四顧，爲之

躊躇滿志，善刀而藏之。」文惠君曰：「善哉！吾聞庖丁之言，得養
　生焉。」

「庖丁解牛」描寫庖丁十九年來解牛的工夫由技入道的過程，其工夫循序漸
進可分為三個階段：

1. 始時，所見無非全牛，只看到一個囫圇的全牛。無以下手。
2. 三年之後，未嘗見全牛。以官知理解牛的骨骼肌肉的內在結構。
3. 方今之時，以神遇而不以目視，官知止而神欲行。由「神欲行」。乃
　能「依乎天理」，而得遊刃有餘的至樂，由技而入道〔註287〕。

　　一、莊子為文惠君解牛，對象非導引、隱士之輩，而是政治上的領導者，
面對政治人物以解牛之道比喻養生，此中隱涵莊周政治思想中〈應帝王〉的
外王之學，與內聖工夫相融無二，其道之樞紐在養生。莊子以牛譬喻為國，
以解牛之道喻治國之術，在位者面對繁複瑣細的國事，與縱橫捭闔、競尚權
謀的環境，若另以一種人為的方法、高明的智謀來替代，豈不揚湯止沸、以
火滅火、永無寧日，因此莊子曰：「無為謀府，無為事任，無為知主」〈應帝
王〉即明言即便不得已而臨天下，也應該虛心若鏡，「不將不迎，而後能勝物
而不傷。」（大宗師）意謂百姓有其本性，本性成於內，不容外在增損絲毫，
治天下者，任其本性而發展，可以不失其性命之情，能「因其自然」，就是面
臨複雜的國事，亦能如庖丁解牛般「遊刃有餘」。

　　二、庖丁解牛「由技入道」，牛之四肢百骸、血脈筋骨、關節肯綮，無不
瞭然於胸，庖丁說：「目無全牛也。」然後「依乎天理，批大郤，導大窾。」
始能「因其固然」。始能以刀刃之「無厚」，入「彼節」之「有間」，「遊刃」
必有「餘地」，雖然「每至於族」亦可以「動刀甚微」，因此解牛十九年「而
刀刃若新發於硎」〔註288〕。

（一）工夫──由技入道，由知入神

　　在這段故事中莊子深刻說明了養生的工夫論，養生是概念，而養生工夫
之入手處何在？如何能夠解牛時非以力操，而以神遇？〈達生論〉對此工夫
有所闡發：

仲尼適楚，出於林中，見痀僂者承蜩，由掇之也。

仲尼曰：『子巧乎？有道邪？』

〔註287〕參考蔡明田〈莊子的養生觀念〉，《大陸雜誌》，第71卷，第五期，頁204。
〔註288〕參考羅聯絡〈養生主微義辨〉一文，《大陸雜誌》，第14卷，第二期，頁442。

曰：『我有道也。五六月累丸二而不墜，則失者銖錙。累三而不墜，則失者十一。累五而不墜，由掇之也。吾處身也若厥株拘，吾執臂也若槁木之枝。雖天地之大，萬物之多，而唯蜩翼之知。吾不反不側，不以萬物易蜩之翼。何爲而不得？』

孔子顧謂弟子曰：『用志不分，乃凝於神，其痀僂丈人之謂乎』（〈達生〉）

仲尼問曲背老人如何練就捕蟬的工夫，如取物般容易？曲背老人回答：「五六月捕蟬的時候，累丸二而不墜，……累五而不墜。」則捕蟬技術從「失之銖錙」乃至「由掇之」。五六月時，在竿頭上疊兩顆彈丸，而丸不墜下，失手的機會就很少了。但如何能「累丸二而不墜」呢？此累丸二而不墜的修煉工夫在於「用志不分，乃凝於神」，唯有專一心智不分散，精神才能凝聚。錢穆先生說：

用心專一，即用心之精，唯其用心精，乃得凝於神。此神字亦指心知作用言，凝於神，即是使心知凝聚，則仍謂是用心專一也。用心專一，使心知凝聚，而人心功用乃可至於一種最高境界，此所謂之神也〔註289〕。

又說：

達生篇即以痀僂丈人之專一用心於承蜩而謂此亦是道。……庖丁自認解牛爲有道，即猶如痀僂丈人之自認其承蜩爲有道也。……今若專以其用心之專一言，則庖丁解牛，亦可謂之用心專一矣。惟其用心之專一，故能官知止而神欲行。所謂神遇，即是用志不分，乃凝於神也。其曰官知止，即是闢耳目之欲也〔註290〕。

莊子意謂要達到此神乎其技的境界，其要旨在「用心專一」及「凝於神」的工夫上。痀僂老人言「我有道也」，老人的「道」經過「累丸不墜」的訓練而來，而達到「吾處身也若厥株拘，吾執臂也若槁木之枝」的境界。老人捕蟬的時候，站立在那裡，身體彷如枯樹，拿著竿的手臂似枯枝般不動。枯木已無生氣，蟬從樹上到老人的竿上，環境改變而不自知，而老人極寂靜、極凝神的狀態下，可知其息至深，其氣至柔，此刻五官百骸的知見躁動全然止息（官知止而神欲行）。精神專一只在蟬翼上，不因萬物而牽引老人專注於蟬翼的精神。（老人何以專注於蟬翼，蟬翼一動唯恐蟬會飛走，老人手上的竹竿上應無黏膠，若不何

〔註289〕見錢穆《莊老通辨》，頁195。
〔註290〕見錢穆《莊老通辨》，頁196。

以如此費神？）將蟬取下時，毫不搖晃（「不反不側」）。因此捕蟬如取物般容易。此道即是庖丁解牛之道，痀僂老人此段言明得到工夫的入手要竅。

　　這裡要討論的是痀僂老人捕蟬時的姿勢如毫無生氣的枯木，心裡狀態則一念不起的沉寂寧靜，身體狀態則能達到五官百骸的運動止息，並且其息深、長、隱微。《莊子‧大宗師》記載：

> 古之眞人，其寢不夢，其覺無憂，其食不甘，其息深深。眞人之息
> 以踵，眾人之息以喉。

此處所言的「眞人」指的是道德修養高深之士，其息深深，乃長年累月煉氣所致。北宋蘇軾亦長此道，詠詩道：

> 「平生學踵息，坐覺兩鐙溫。」「不如閉目坐，丹府夜自曒。」〔註291〕
> （〈蔡州道上遇雪〉）

王夫之亦言：

> 莊周曰：『至人之息以踵』。眾人之言動喜怒，一從脣吻而出，放縱
> 耳目之欲而鼓動其血氣，引其息於踵，不亦愈乎！〔註292〕

蘇、王二人都看得出「踵息」與氣功煉氣的關係。這樣的修煉工夫如同佛家的「禪定」〔註293〕，道教的「胎息」、「龜息」、「止息」與印度煉氣方法「瑜珈」相似〔註294〕。老人在「禪定」的狀況下，身體內部便產生一種清微纖妙的眞氣，循虛而行（緣督以爲經），這股眞氣，莊子名爲「純氣」〔註295〕守住「純氣」，則達到「墜肢體」、「黜聰明」、「離刑去知，同於大通」的境界。「墜肢體」意謂忘卻身體四肢的感受，煉氣一意入靜時的境界。「黜聰明」即排除感官的作用，排除一切雜念、精神內守，完全入靜。如同王夫之所言「『坐忘』，則非但忘物，而先自忘其吾。」（《莊子解》）顯然煉氣是古代養生的好方法。

〔註291〕蘇軾《東坡文集‧上》前集卷十一〈正月十八蔡州道上遇雪次子由韻二首〉之二，頁165。

〔註292〕王夫之《思問錄內篇》世界書局，民國84年9月初版，頁4。

〔註293〕錢穆云：「莊子以承蜩爲有道，亦猶後世禪宗之即以運水搬柴爲有道也。實則此皆繫心一物之道耳。惟其繫心一物，故能盡忘萬物。惟其專心一知，故能盡棄餘知。然則人心之至於神，不僅無思，亦且無知，乃使謂之神耳」。見《莊老通辨》，東大書局，民國80年12月初版，頁200。

〔註294〕參見李開濟所著《瑜珈‧神修‧禪觀》，文津出版社，1997年10月初版，頁74～77。

〔註295〕達生：「子列子問關尹曰：『至人潛行不窒，蹈火不熱，行乎萬物之上而不慄，請問何以至此？』關尹曰：『是純氣之守也。』」《莊子集釋》，頁279。

（二）境界──「心齋」、「坐忘」與「攖寧」

「坐忘」、「心齋」都是莊子煉氣養心的修為，（〈人間世〉）：

　　回曰：「敢問心齋？」

　　仲尼曰：「一若志，無聽之以耳，而聽之以心；無聽之以心，而聽之以氣。聽止於耳，心止於符。氣也者，虛而待物也。唯道集虛，虛者，心齋也。」

「心齋」是心的齋戒，即為「虛己」，「一志」即「用志不分」、精神凝聚，「聽之以氣」，此「氣」即「純氣」，以「純氣」（一種無雜念的虛心）為主，勿以會分別音聲善或不善的耳，或早有是非成見的心應物。心志停止與外界接觸，靜而不思，如「庖丁解牛」一般，「以神遇而不以目視」（〈養生主〉）。因此，顏回答：「回之未始得使，實自回也，得使之也，未始有回也」（〈人間世〉）。「未始有回」即是忘卻自我的存在，連到「無己」、「虛己」的境地。

「坐忘」即是「離刑去知」（〈大宗師〉）：

　　顏回曰：『回益矣。』

　　仲尼曰：『何謂也？』

　　曰：『回忘仁義矣。』

　　曰：『可也，猶未也。』他日、復見，

　　曰：『回益矣。』

　　曰：『何謂也？』

　　曰：『回忘禮樂矣。』

　　曰：『可矣，猶未也。』他日，復見，

　　曰：『回益矣。』

　　曰：『何謂也？』

　　曰：『回坐忘矣！』

　　仲尼蹴然曰：『何謂坐忘？』

　　顏回曰：『墮肢體，黜聰明，離形去知，同於大通，此謂坐忘。』

　　仲尼曰：『同則無好也，化則無常也。而果其賢乎！丘也，請從而後也。』」

顏回去掉仁義禮樂的執著，但心底仁義禮樂的根苗尚在，除非更進一步忘卻

物與我的仁義禮樂有何不同〔註296〕，如此仁義禮樂的自然生機才能昭顯，此處莊子言養生為內聖的工夫所在，意在起仁義禮樂自然化成的教化。因此「坐忘」是心除物累，進一步更可行自然的化育，是以顏回對曰：「墮肢體，黜聰明，離形去知，同於大通。」「墮肢體」即離形，「黜聰明」即去知，人的精神不滯於軀骸、心知，能超然於物外，如同〈天地〉篇所言：

> 忘乎物，忘乎天，其名為忘己。忘己之人，是謂入於天。

人入於天，則物我不起對待，能與造物同遊。如此「坐忘」是「心齋」的效果，而「心齋」「坐忘」則意涵如〈德充符〉篇所言：

> 夫若然者，且不知耳目之所宜，而遊心於德之和，物視其所一而不見其所喪。

此意亦包含〈齊物論〉「喪我」之意，至此境界無物我、無彼此、無是非，亦無利害了。

心能虛，則內能「虛室生白，吉祥止止」（〈人間世〉），不起心知作祟，外能以無己，虛己的心觀照萬物。如此進入人心的知識便是「一知之所知，而心未嘗死者」（〈德充符〉）。人的真知無妄無待，自然得到開展，只要是道都會集到虛裡。（「唯道集虛」）

「心齋」的工夫在養心、養氣、致道、虛靜。從聽之以耳、聽之心志、聽之以氣的過程，來印證庖丁解牛由技入道、由知入神的過程。可知莊子所守之「純氣」，意在「虛心」，以此虛靜空明之心應化萬物（包括鬼神〔註297〕），應對萬物形自然之化育。如此人的精神便能與天地精神合流，達到自然的和諧。〈大宗師〉言此境界為「見獨」：

> 吾猶守而告之，參日，而後能外天下。已外天下矣，吾又守之，七日，而後能外物。已外物矣，吾又守之，九日，而後能外生。已外生矣，而後能朝澈；朝澈，而仍能見獨，見獨，而後能無古今，無古今，而後能入於不死不生。殺生者不死，生生則不生。其為物：無不將也，無不迎也；無不毀也，無不成也。其名為攖寧，攖寧也者，攖而後成者也。」

這是女偊得道的經過，及深明固守心性的工夫。凡情對於生死的執著最難安

〔註296〕如同〈大宗師〉所言：「魚相忘乎江湖，人相忘於道術」。《莊子集釋》，頁109。
〔註297〕〈人間世〉曰：「夫徇耳目內通，而外於心知，鬼神將來舍，而況人乎」《莊子集釋》，頁69。

頓，若能戡破去盡悅生惡死的偏執，始能如清晨般清澈空明的境界，入此境界就能見到絕對的大道「見獨」。錢穆先生云：

> 所謂見獨，即指見此卓，見此真。人心之有知，常以知外在之物。人若能外於心知而知，知於其內在己身之獨化，斯能見此內在知真君與真宰，如是始謂之見獨，始得謂之真人與神人也。人若能精於用心，外忘一切，而惟此真君真宰之為見，惟此獨與卓之化體之內在於吾身者之為見，則所見無內無外，惟此一化，惟此一獨，既已渾忘內外，而所知達於此唯一之獨體，則所知亦即是此大化也〔註298〕。

知此大化，得此大道，莊子進一步說明即能不受時間限制，就能入於不死不生之境，在此境中渾忘內外、生死，在一切變化紛擾中，依然保持一種絕對寂靜的心境。

〈達生〉一篇闡發〈養生主〉篇中庖丁解牛之要旨，庖丁解牛、神乎其技，如同〈達生〉篇中「梓慶為鐻」、「痀僂承蜩」般精神專一，運用了靜心凝神養氣的方法，由技而入道，由知而入神，其要法在「緣督以為經」，順此深明「官知止而神欲行」，「神欲行」乃能「依乎天理」，「因其固然」，而入遊刃有餘之境，同時亦消解人對於「真知」的迷惘，於開心對於是非、善惡、成敗、美醜、哀樂、窮達、毀譽、貴賤、賢與不肖的糾纏，消解知見的樊籠，適性於自然，依乎天理，則逍遙自適，無入而不自得。

三、形軀的安定

> 公文軒見右師而驚曰：「是何人也？惡乎介也？天與！其人與？」
>
> 曰：「天也，非人也。天之生是使獨也，人之貌有與也。以是知其天也，非人也」。

道家崇尚自然，以自然之大化流行非人所能違抗，宇宙生命皆在於其大化之中，莊生將現實觀察中，所得的天人對立現象，有以統合之，以化解現實社會中，由人事所起的禍害，折衷統合之於天，使人能度安命順天的和諧人生〔註299〕。

公文軒見右師驚訝的問：「為何被截斷了一隻腳？是由於天？還是由於人？」右師卻回答：「是由於天」莊子言：「道與之貌，天與之形」（〈德充符〉），

〔註298〕見錢穆《莊老通辨》，頁204。
〔註299〕見劉光義《莊學蠡測》，學生，民國75年5月初版，頁89～90。

人之雙腳或獨腳，皆是天生自然，但人的知見乃以雙腳為常態，而獨腳必係遭致外刑的結果，因此公文軒始見右師獨腳時，呈露驚疑之狀，及至須臾了悟後，乃知右師天生如此，非人為刖足，去掉固有的世俗成見，始能「依乎天理」〔註300〕。

或說，既然一切形體生命之變化皆為道體流行，治亂成敗，遇與不遇，一切皆天。既是一切皆天，吾人應如何破除自我形軀之迷障？消解四肢百體之執著？唯有認同於道體，將一切自然生命的殘缺不足都回向給自然、融入造化的大流之中「全其自然而已」〔註301〕。所以右師的殘腳本應是人為的造作而起，是違反自然的結果，然在驚悟之下，如何又將它托附於天之所為？此中所表現應是一種消解之道〔註302〕。嚴復說：「分明是人，乃說是天」〔註303〕分明是人為造作而起的殘缺，托附予天之所為，乃知

> 死生存亡，窮達窮貴、賢與不肖，毀譽饑渴寒暑，是事之變，命之
> 行也（〈德充符〉）

對右師而言，他人皆兩足、唯我單足於世，此乃天所安排，既是天命，唯以無心之心順應一切變化。嚴復說此為：「言養生之安無奈何之命」〔註304〕。

宇宙生命存在於其造化之中，人為的全及缺，皆為道體流行時自然的發生。唯有將外在的形軀歸屬於道體的流行之中，在造化的過程中返同於生死系列裡，與萬物的生死相齊一，能了悟一切形體生命的變化皆得之於道體的流行，而能破除對於自身軀體的執著，不讓生死、殘缺、貴賤、窮達侵擾心靈，內心和穆融洽，透視窮通存亡之理，怡然自得，這般心境與修養，莊子稱之為「才全」〔註305〕。

〈德充符〉中所舉的人物，如：王駘、申徒嘉、叔山無趾，哀駘，還有

〔註300〕見蔡明田〈莊子的養生觀念〉，《大陸雜誌》，民國74年，第71卷，第五期，頁206。

〔註301〕《莊子集釋》郭象注，頁58。

〔註302〕見陳文章〈莊子養生理論過程之探討〉，《鵝湖月刊》，民國67年8月4卷八期，頁28。

〔註303〕見《莊子纂箋》引嚴復語，三民書局，民國70年3月三版，頁26。

〔註304〕同上註。

〔註305〕莊子〈德充符〉：「死生存亡、窮達貧富、賢與不肖、毀譽、飢渴、寒暑，是事之變，命之行也。日夜相代乎前，而知不能規乎其始者也。故不足以滑和，不可入於靈府，使之和豫，通而不失其兌，使日夜無郤，而與物為春，是接而生時於心者也，是之謂才全。」《莊子集釋》，頁216。

游說衛靈公的一個跛腳、駝背、無唇的人，及游說齊桓公的頸項生腫瘤之人，都是形體殘缺不全，而內心的道德卻都充實圓滿，而這些才全而形殘的人，內心早已消解自身對於形體殘缺的罣礙，明瞭自然稟賦的形體是由於「命」，後天的傷殘亦是由於「命」，天命是命，人患亦是命，天與人皆由命，何必分別？此所謂「知不可奈何而安之若命，唯有德者能之」（〈德充符〉），人執著於形體軀殼，成為自己的大累，所以莊子說：

> 故德有所長，而形有所忘，人不忘其所忘，而忘其所不忘，此謂誠
> 忘〔註306〕。

譬如面貌醜陋的哀駘，男女都敬慕他，因為哀駘內心的至德已使他忘卻形骸的缺陷，稱之為離形，人能離形又能忘跡，如此離大道就不遠了。

四、精神的逍遙

> 澤雉十步一啄，百步一飲，不蘄畜乎樊中。神雖王，不善也。

此段以澤雉不入樊籠比喻養生。此處樊籠一指世間榮華富貴、名聞利養，一指人所執著的知見。

〈秋水〉篇曰：

> 莊子釣於濮水，楚王使大夫二人往先焉，曰：『願以境內累矣。』
>
> 莊子持竿不顧曰：『吾聞楚有神龜，死已三千歲矣，王巾笥而藏之廟堂之上，此龜者寧其死為留骨而貴乎？寧其生而曳尾於塗中乎？』
>
> 二大夫曰：『寧其生而曳尾塗中。』
>
> 莊子曰：『往矣，吾將曳尾於塗中。』」

莊子曳尾塗中，深知「畜乎樊中」之害。澤雉十步一啄、百步一飲，狀似辛苦，龜曳尾塗中不若藏之廟堂之上之貴，世人所摒棄的窮困與貧賤，在莊子看來如此放曠山澤、心神常王、逍遙自得、適性自然，才是養生（養神）之道。莊子接著說一個故事，闡釋其理：

> 惠子相梁，莊子往見之。或謂惠子曰：『莊子來，欲代子相。』於是惠子恐，搜於國中三日三夜。莊子往見之，曰：『南方有鳥，其名鵷鶵，子知之乎？夫鵷鶵，發於南海而飛於北海，非梧桐不止，非練實不食，非醴泉不飲。於是鴟得腐鼠，鵷鶵過之，仰而之曰：『嚇！』，

〔註306〕見莊子〈德充符〉《莊子集釋》，頁216。

今子欲以子之梁國而嚇我邪？』」（〈秋水〉）

王夫之說：

> 囿於小者不知大，慕於貴者不知賤。量止於此，則知盡於此，以
> 自大自貴而嚇人。以故滅命，以得殉名者之愚，必至於此〔註307〕。

人為富貴浮名，至於爭奪，終以生存殉於此，世人所好所尊崇的富貴、壽善，世人所喜悅的身安、美味、美服、好色、悅聲，盡在滿足此色身的感官的享樂。佛家言眼耳鼻舌身意為六根，追逐外在欲求則染為六塵，此慾望的追逐念頭，念念相續則垢塵相累，久不復見本心空明，日夜相擾於名利荊棘中，紛亂不息，苦痛不止，將美好的生命本質變成一場災難，皆緣於人囿於小大、貴賤、榮辱、高下的偏執知見。

成玄英疏曰：

> 流俗之夫，倒置之甚，情纏繞於名利，心決絕於爭求，以此而言，
> 豈非大惑之甚也〔註308〕。

吾人能超脫名利，心自能知足而常樂，然而競逐名利，必然循利而忘身，爭名而損性，必有累憂，因此莊子感嘆的說：「相為利者，恆相為累。」〔註309〕

五、死生如一之生死觀

> 老聃死，秦失弔之，三號而出。
>
> 弟子曰：『非夫子之友邪？』
>
> 曰：『然。』
>
> 『然則弔焉若此，可乎？』
>
> 曰：『然。始也吾以為其人也，而今非也。向吾入而弔焉，有老者哭
> 之，如哭其子；少者哭之，如哭其母。彼其所以會之，必有不蘄言
> 而言，不蘄哭而哭者。是遁天倍情，忘其所受，古者謂之遁天之刑。
> 適來，夫子時也；適去，夫子順也；安時而處順，哀樂不能入也，
> 古者謂是帝之縣解。』

1. 此段以達觀生死為養生之旨。郭象注曰：

> 夫哀樂生於失得者也。會玄通合變之士，無時而不安，無順而不處，

〔註307〕見王夫之《莊子通・莊子解》，頁148。
〔註308〕見《莊子・山木篇》成玄英疏，《莊子集釋》，頁697。
〔註309〕見《莊子・山木篇》郭象注，《莊子集釋》，頁697。

冥然與造化爲一，則無往而非矣，將何得何適，孰死孰生哉！故往
其所受，而哀樂無所錯其間矣〔註310〕。

莊子視生死爲自然之變化，生是一種形式，死亦只是一種形式，生與死皆順
自然之理，不悅生惡死，故能與造化爲一。誠然如莊子〈大宗師〉言：「古之
眞人不知悅生，不知惡死。」能視死生爲一化，眞人之妙悟也。

2. 莊子能遊於死生之變化，輕鬆看待死生大事乃來自於對死生執著的豁
達胸懷，莊子亦深知凡人之情面對生存與死亡，一則喜樂，一則黯然憂心，
死與生將人的精神心思包夾於不得安寧的悲喜動盪之中，不得開解，不得自
由，無從逍遙，莊子欲破凡人對死生的黏著，《莊子》書中舉出許多故事，一
再重述齊生死、則泯哀樂、入逍遙的道理。〈列禦寇〉：

莊子將死，弟子欲厚葬之。

莊子曰：『吾以天地爲棺槨，以日月爲連璧，星辰爲珠璣，萬物爲齎
送。吾葬具豈不備邪？何以加此！』

弟子曰：『吾恐烏鳶之食夫子也。』

莊子曰：『在上爲烏鳶食，在下爲螻蟻食，奪彼與此，何其偏也！』

莊子能齊一死生，不以厚葬爲貴，「爲任神然後能至順，故無往不應也。」
〔註311〕此其逍遙乎天地之間也。故其妻死，能箕踞鼓盆而歌。

莊子妻死，惠子弔之，莊子則方箕踞鼓盆而歌。

惠子曰：『與人居，長子老身，死不哭亦足矣，又鼓盆而歌，不亦甚
乎？』

莊子曰：『不然，是其始死也，我獨何能無概然！察其始而本無生，
非徒無生也本無形，非徒無形也而本無氣。雜乎芒芴之間，變而有
氣，氣變而有形，形變而有生，今又變而之死，是相與爲春夏秋冬
四時行也。人且偃然寢於巨室，而我噭噭然隨而哭之，自以爲不通
乎命，故止也。』（〈至樂〉）

莊子妻死，莊子鼓盆而歌，是因莊子達觀生死之故，莊子認爲人死乃是「偃
然寢於天地之巨室」（〈至樂〉），人們對於親人之死又何必「噭噭然隨而哭之？」
（〈至樂〉）。若能將死生視爲一種自然的氣化現象，生死不過一氣之聚散，自

〔註310〕見《莊子·養生主》郭象注，《莊子集釋》，頁 129。
〔註311〕《莊子·列禦寇》郭象注，《莊子集釋》，頁 106。

然能安時處順，哀樂不入於心〔註312〕。莊子能體悟大道察知自然之理、視死生爲一化，自然哀樂不能入。莊子又說：

> 生者，假借也；假之而生生者，塵垢也。死生爲晝夜。……觀化而化及我，我又何惡焉？」（〈至樂篇〉）

人的生命本來就是寄託於外在的形軀，像物體覆上灰塵垢穢一樣的自然，即是那般的自然，何必投注心力以喜或悲來擾亂自己內心的清靜？接著莊子說了一個生者不能知死者的故事，來闡釋齊一生死的理論：

> 莊子之楚，見空髑髏，髐然有刑，橛以馬捶，因而問之曰：『夫子貪生失理，而爲此乎？將子有亡國之事，斧鉞之誅，而爲此乎？將子有不善之行，愧遺父母妻子之醜，而爲此乎？將子有凍餒之患，而爲此乎？將子之春秋故及此乎』
>
> 於是語卒，援髑髏，枕而收。夜半，髑髏見夢曰：『子之談者似辯者。視子所言，此生人之累也，死則無此矣。子欲聞死之說乎？』
>
> 莊子曰：『然。』
>
> 髑髏曰：『死，無君在上，無臣在下；亦無四時之事，從然以天地爲春秋，雖南面王樂，不能過也。』
>
> 莊子不信，曰：『吾使司命復生子形，爲子骨肉肌膚，反子父母妻子閭里知識，子欲之乎？』
>
> 髑髏深矉蹙頞曰：『吾安能棄南面王樂而復爲人間之勞乎？』（〈至樂〉）

死去的人對生存苦楚的了解，超過現今仍在生命中迷惑翻滾的活著的人，活著的人對死後並無經驗，難免執著妄想，以爲死者必然對生存仍存渴慕。然而莊子借髑髏之語，化解世人對於死後必無歡樂的緊張、焦慮及愁苦，也點出生若逍遙，死亦可逍遙，死後仍有超越人間至樂的可能。

既然「萬物一府，死生同狀」（〈天地〉），吾人對死生應當排遣悅惡之情。莊子說了一個故事，旨在打破人貪生怕死的觀念：

> 麗之姬，艾封人之子也。晉國之始得之也，涕泣沾襟。及其至於王所，與王同筐床，食芻豢，而後悔其泣也。予惡乎知夫死者不悔其

〔註312〕陳忠成〈莊子言道言氣對宋明儒理氣說的影響〉，《孔孟月刊》，十八卷三期，頁27。

始之蘄生乎？（〈齊物論〉）

世人皆懼死，猶如麗姬怕赴晉國一般。然而麗姬到了晉國居華廈、食美味，才發現到晉國是一件很快樂的事，就像人也要到死後，才會發覺死後的快樂，而後悔當初的驚恐。莊子之意在於使人超脫悅生惡死之情，能視死生如一，並非教人厭生樂死。所以莊子說：

> 古之真人，不知悅生，不知惡死。其出不訢，其入不距；翛然而來而已矣（〈大宗師〉）

> 察乎盈虛，故得而不喜，失而不憂，知分之常也；明乎坦塗，故生而不說，死而不禍，知終始之不可故也（〈秋水〉）。

因此莊子在〈知北遊〉篇中亦言既能達觀，則能視死生為自然的變化：

> 生也死之徒，死也生之始，孰知其紀。人之生，氣之聚也；聚則為生，散則為死，若死生為徒，吾又何患？故萬物一也。是則所美者為神奇，其所患者為臭腐，臭腐化為神奇，神奇復化為臭腐。故曰：通天下一氣耳！聖人故貴一。

人的生死不過是氣的聚散所導致，氣聚則生、氣散則死，萬物的生死，皆一氣之變化，莊子認為生死是一種循環的變化，有如四時之運行，由生至死，只是形式的轉變，僅一氣之聚、泊散往來，變化無定。「死生，命也，其有（猶）夜旦之常，天也」（〈大宗師〉）所以聖人貴此真一，而冥同萬化，齊一死生。老聃之友秦失以能齊生死，是以唯獨此人「三號而哭」，見老聃之徒慟哭若此，猶存悅生惡死之情，方告誡其弟子此乃遁天背情。因此達觀死生者，自然生時樂生、死時樂死，不當生而憂死，即「安時而處順」，則天理流行、悅生惡死之情斷滅，順應自然、放任無為、渾然一體而不偏私，這稱之為「天放」〔註313〕，則生之繫累如倒懸之苦即能開解。

　　莊子既以人與萬物為一，則死生為自然變化，一切生命始終皆造化所命不能自主，自然的規律既不可違抗。那麼貪生惡死與厭生樂死，都違背自然、自尋煩惱，所以不必為生死而憂心，因此莊子說：

> 今一以天地為大鑪，以造化為大冶，惡乎往而不可哉？（〈大宗師〉）

惟有隨遇而安，順應處變，則無所謂生、無所謂死，這即是莊子所說的：

> 死與？生與？天地並與？神明往與？芒乎何之？忽乎何適？（〈天

〔註313〕《莊子・馬蹄》篇曰：「一而不黨，命曰天放」。《莊子集釋》，頁151。

下〉〉

放下對生死的執見，隨自然的變化，則無往而不自在，能視死生為一體，則是莊子所謂的「以生死為一條」（〈德充符〉）；「知死生存亡之一體者」（〈大宗師〉）之意〔註314〕。

3. 「老聃死」即言人皆有生有死，生死是自然之化、無有例外，老聃亦然。因此養生並非希冀求得長生不死，而應重在養神，非悅生惡死。王夫之言：

> 老聃所以死而不能解其懸者，亦未能無厚而近名也。名者眾之所會，不遊其間而入其會，則雖不蘄言而必有言，不蘄哭而必有哭之者矣。天懸刑以懸小人。懸名以懸君子。一受其懸，雖死而由縈繫之不已；而不知固有閒也，不待釋而自不懸也。然懸於刑者，人知畏之；懸於名者，人不知解。避刑之情厚，而即入于名。以樂召樂，以哀召哀，自怛其化，而且以納天下於樊中。養生之主者，所惡莫甚於此〔註315〕。

至德的人沒有聲譽，而老聃死，「有老者哭之，如哭其子，少老哭之，如哭其母。」如此看來，猶如老聃之友秦失說言：

> 老聃與人相處，必然有不求別人稱譽、而使得別人稱譽，不求別人哭他，而使得別人哭他的地方。如此違反天理，牽於俗情，就好像受了刑戮一般。

老聃受名的負累，如同〈德充符〉篇中「叔山無趾」口中所言的孔子一般，無趾一口咬定孔子所受的懲罰是無法解脫的天刑（「天刑之，安可解？」），孔子也自知自己是遭受天刑的戮民〔註316〕，而孔子與老聃才全而德形，內德外顯，但仍然無法免除塵網的羈絆，無法在精神上超脫天刑的桎梏，是為養生之大害。

六、薪　傳

指窮於為薪，火傳也，不知其盡也。

〔註314〕見周紹賢〈莊子之生死觀〉，《建設雜誌》，民國48年，第八卷，第四期，頁10。

〔註315〕見王夫之《莊子通・莊子解》，頁33。

〔註316〕《莊子・大宗師》：「孔子答子貢曰：『丘，天之戮民也』」。《莊子集釋》，頁123。

錢澄之曰：

> 指薪爲火，此薪既盡，所指窮矣。而火固在也，薪謂有涯之生〔註317〕。

王夫之曰：

> 形成而神因附之，形散則神舍之而去。寓於形、謂之神。不寓於形，
> 天而已矣〔註318〕。

陳啓天解釋說：

> 按指字，疑當讀爲脂。脂謂脂膏，可用以燃燒。舊注均以指爲手指，
> 似不洽。窮謂燒盡也，……傳，轉也，猶言化也。盡，謂消滅也。
> 此文猶謂以脂膏爲薪火而燒盡，乃一種轉化，非消滅也。此喻人由
> 生而死，亦不過一種轉化，不必悲也。如此解釋，始與上文「安時
> 處順」之說相應〔註319〕。

　　此段爲〈養生主〉篇之總結，破除知的迷障、消解自我形軀的執著，勘破生死的困惑，及開解情感的束縛之後，提昇了智慧、安頓了形軀、超然了生死，精神施之以逍遙，當下彰顯無窮無盡之生命主體。薪指形軀生命；火指生命主體。薪（形體）雖有盡之時，火（生命主體）則無窮無盡，猶如火又傳於薪，永遠傳遞下去、永不熄滅。依莊子，生死不過是一種轉化，如鯤化之爲鵬，形軀的改變，只是生命延續的過程，生命的主體可以超越形體的拘限，人的生命主體原就與大化爲一。莊子說：

> 方生方死，方死方生；……因是因非，因非因是。是以聖人不由而
> 照之於天，亦因是也。（〈齊物論〉）

> 物之生也，若驟若馳，無動而不移，無時而不變。（〈秋水〉）

這是宇宙大化之恆動常變。宇宙萬化存在於恆動常變的大化之中，無有固定不移者，〈達生篇〉云：

> 達生之情者，不務生之所無以爲。達命之情者，不務知之所無奈
> 何。養形必先之物，物有餘而形不養者有之矣。有生必先無離形，
> 形不離而生亡者有之矣。……事奚足棄而生奚足遺？棄事則形不
> 勞，遺生則精不虧。夫形全精復，與天爲一。天地者，萬物之父
> 母也，合則成體，散則成始，形精不虧，是謂能移。精而又精，

〔註317〕見錢穆《莊子纂箋》引錢澄之《莊屈合詁》語，頁26。
〔註318〕同上註，頁26。
〔註319〕見陳啓天《莊子淺說》，中華，民國60年7月初版，頁52。

反以相天。

王夫之解此段言：

> 此篇揭其綱宗于能移而相天，然後見道之不可知，而守之不可不一。
> 則內篇所云者，至此而後反要而語極也。……唯此言能移，而且言
> 能移以相天，則庶乎合幽明於一理，通生死於一貫〔註320〕。

又說：

> 人之生也，天合之而成乎人之體，天未嘗去乎形之中也。其散也，
> 形返於氣之實，精返於氣之虛，與未生而肇造夫生者合同一致，仍
> 可以聽大造之合而更為始，此所謂幽明始終無二理也〔註321〕。

「能移」，郭象注曰：「與化俱也」，「相天」，陸長庚曰：「猶中庸言贊化」。言
人之生死與萬物化俱，以贊化天地，則合幽明於一理，通生死於一貫。

　　莊子此段說明，破解後世道教煉丹長生不死之說，生死是一貫的，氣聚
則生、氣散則死，人的生與死就像白日和黑夜遞相變化一樣〔註322〕。白日是
天、黑夜也是天，沒有不同。在本體「一」的觀念來看，生為萬物之一體，
死也還是與萬物為一體，一體還是一體，有何區別？白日與黑夜的迢遞變化，
即為莊子言「方生方死，方死方生」一樣，如同一支支的燭薪有燒盡的時候，
火從殆盡的燭薪，移到新的燭薪，卻永遠傳下去、不會有窮盡的時候。

〔註320〕見王夫之《莊子通‧莊子解》，里仁，民國73年9月，頁154。

〔註321〕同上註。

〔註322〕如（大宗師）曰：「死生命也，其有夜旦之常，天也。」《莊子集釋》，頁109。
　　　　（至樂）曰：「生者，假借也。假之而生，生者塵垢也，死生為畫夜。」《莊
　　　　子集釋》，頁272。

柒、結　語

　　先秦儒家的經典——《尚書》、《易經》、《詩經》與《春秋》，都曾討論到養生的內容，可見養護生命的概念源遠流長，早在孔子成學之前已經成為受到矚目的思想議題。孔子終其一生修訂典籍、教育英才，其言行事跡保存於《論語》一書中，展現出他在衣食住行各方面重視養生的自然行止。孟子則在《孟子》書中多次闡發「浩然正氣」的概念，並深刻地申論氣與人的心、志同在，運用「盡心知性」等方法，鼓勵後學圓滿地存養心性。荀子以「治氣養心」之術為養生理論，進一步主張禮樂教化可以修身、轉化體氣並形貌，達到養生的成果。

　　是故先秦儒家的養生思想，由隱微發萌、在日常生活中的自然關注，到加入「氣」的概念，再轉化為禮樂教化可調養致功，這一連串的演變，從漸次重視、再藉由形而上的道德存養，最終落入現實教育的標準。可見先秦儒家的養生思想，最終會自然區分為兩條路徑，一則以孟子思想為主，談道德化了的正氣存養，一則以荀子思想為主，特重禮樂教化對人的影響，輔之以孔子所表現的養生事蹟，實亦重視身心兩全的一派養生思想。

　　先秦道家的代表人物——老子、莊子，其人之思想有極大部分為對人的養生思考，諸如老子論養生之道在重「養神」而非「養形」，又須「少私寡欲，虛靜自守」、「載營魄抱一」，才能展現「養神」的工夫，最後也才能達到「專氣致柔」、「滌除玄覽」、心體虛靈與道合一的聖人境界；莊子談養生，先著手破除世間人對「知」的障礙，呼籲人由養知養心進而養德，啟發人去認知何謂人生的「天刑」、「內刑」與「外刑」，使人知道養生須外有所防、內有所養、不執一端、使得全生，避免徒事益氣養生的浮虛偏失，或勞形虧精的傷殘自

失，從而達到「心齋」、「坐忘」、「攖寧」的物我為一境界，同時使得形軀得以安定，精神可以逍遙，再澈知死生如一的實象。

　　顯而易見的，老子、莊子比先秦儒家諸人更在乎養生議題的思考，而且老莊所重視的是人存在於自然狀態中的生命調養，所以將人的身軀運用、心神狀態列入主要的思考內容，從而提出完密的修養成功之道。因此，養生思想成為老子、莊子思想中極耀眼引人的一部分，長久以來也發揮了不少助益世人的功效。先秦儒家的養生思想，更重視的是倫理道德方面的努力，所以認為養生的重點在養氣、養德和禮樂化成，這是孟子、荀子思想中不可抹滅的精華，也是儒家思想入世的明証。

　　先秦儒、道二家思想，一者著眼於倫常道德而言養生，一者著眼於自然生命而言養生，兩方各有勝場也各自精彩，作為同樣影響中國文化千百年的思想而言，它們都足以利益世人、化育百代，彼此間也適能成為互補的關係，圓滿世人對生命的追求，高下二字，已不能評判二者的效用，對後世厥有其功，令後生各得其利，才是重要而不爭的事實。

參考書目

（依使用書目筆劃排列）

一、古 籍

1. 《千金翼方》，唐代孫思邈。

2. 《大智度論》，龍樹菩薩著、鳩摩羅什譯述，新文豐，民國 75 年 5 月。

3. 《日知錄》，《四部備要子部》，顧炎武著，中華書局。

4. 《史記》，司馬遷著，見《新校本史記三家注并附編二種一》，鼎文書局，民國 81 年 7 月 12 版。

5. 《四書集注》，朱熹著，世界書局，民國 78 年 8 月 31 版。

6. 《申鑒》，荀悅撰、黃省曾註，收錄於《中國子學名著集作》，蕭天石主編，民國 67 年。

7. 《白文十三經》，黃侃手批，理藝，民國 87 年 12 月初版。

8. 《朱子語類》，朱熹著，中華書局，民國 75 年。

9. 《朱文公文集》，朱熹著，商務，民國 69 年一版。

10. 《老子校詁》，蔣錫昌著，東昇出版社，民國 69 年初版。

11. 《呂氏春秋》，呂不韋著，藝文印書館，民國 55 年。

12. 《呂氏春秋》，呂不韋著，《四部叢刊》，文物出版社。

13. 《宋元學案》，黃宗羲著，謬天授撰註，商務，民國 77 年 8 月。

14. 《沖虛至德眞經釋文》，唐·殷敬順撰、宋·陳景元補遺，新文豐出版社，民國 74 年。

15. 《周易參同契發揮》，俞琰著、王雲五編，四庫全書珍本。

16. 《孟子正義》，焦循著，中華書局，民國 62 年三版。

17. 《孟子字義疏證》，戴震著，王雲五主編，商務，民國 67 年 7 月初版。

18. 《明儒學案》，黃宗羲著、李心莊重編，正中書局，民國 34 年 6 月初版。

19. 《東坡文集·上》，蘇軾著。

20. 《思問錄內篇》，王夫之著，世界書局，民國 84 年 9 月初版。

21. 《春秋繁露》，董仲舒著，《四庫叢刊·經部》，商務印書館。

22. 《胎息經》，幻真注，藝文印書館，《百部叢書集成》初編，民國 55 年。

23. 《淮南子》，高誘注，世界書局，民國 80 年 3 月。

24. 《淮南子》，劉安著，蕭天石編，《中國子學名著集成》民國 67 年初版。

25. 《莊子通·莊子解》，王夫之著，里仁，民國 73 年 9 月。

26. 《莊子集釋》，郭慶藩，萬卷樓，民國 82 年 3 月初版。

27. 《備急千金藥方》，唐·孫思邈著，台北國立中國醫藥研究所，1990 年。

28. 《嵇中散集》，嵇康著，《四部叢刊·集部》，文物出版社。

29. 《陽明全書》，王守仁撰，中華書局。

30. 《黃帝內經》，收於《《四部叢刊》正編》，商務。

31. 《瑜伽師地論》，佛光山宗務委員會印行，1997 年初版。

32. 《道德真經注疏》，顧歡著，北京市：新華書店，1982 年。

33. 《道德真經廣聖義》，杜光庭著，收錄於《道藏》第 14 冊，文物、上海、天津古籍等出版社，1987 年 6 月。

34. 《道藏》，文物、上海、天津古籍等出版社，1987 年 6 月。

35. 《道藏精華錄》，宋一子編纂，浙江古籍出版社，新華書店，民國 78 年。

36. 《諸子評議》，俞樾著，世界書局，民國 62 年 5 月。

37. 《遵生八箋》，高濂著，四庫全書珍本、第六集。

38. 《讀四書大全說》，王夫之。

39. 《國語韋氏解》，三國·吳·韋昭著，世界書局，民國 64 年 7 月四版。

二、專書部份

1. 《三松堂全集》，馮友蘭著，河南人民出版社，1986 年 8 月。

2. 《中國古代思想中的氣論及身體觀》，楊儒賓主編，巨流圖書，民國 82 年 3 月第一版。

3. 《中國古代氣功與先秦哲學》，張榮明著，桂冠，1992 年。

4. 《中國思想史論集》，徐復觀著，學生書局，民國 70 年。

5. 《中國思想通史》，侯外廬著，人民出版社，1995 年 10 月第一版。

6. 《中國哲學史》，羅光著，學生，民國 76 年 11 月二版。

7. 《中國哲學原論》，唐君毅著，台北：學生書局，1986 年。

8. 《孔孟荀哲學》，蔡仁厚著，學生，民國 73 年。

9. 《古代氣功與先秦哲學》，張榮明著，桂冠，1992 年 1 月初版。

10. 《老子河上公注斠理》，鄭成海著，臺灣：中華書局，民國 60 年 5 月初版。

11. 《老子的哲學》，王邦雄著，東大，民國 79 年六版。

12. 《老子探義》，王淮著，商務印書館，民國 79 年 12 月九版。

13. 《自養之道》，廖果著，明文書局，民國 82 年 9 月初版。

14. 《身體與自然》，蔡璧名著，國立臺灣大學《文史叢刊》，民國 86 年 4 月初版。

15. 《孟子思想研究論集》，吳康著，黎明，民國 71 年 12 月初版。

16. 《孟子哲學》，許宗興著，商務印書館。

17. 《青銅時代》，郭沫若著，集刊行行委員會編，東京市：雄渾社，民國 71 年。

18. 《南華眞經正義》，陳壽昌著，新天地書局，民國 66 年 7 月再版。

19. 《氣》，張立文主編，中國人民大學，1990 年 12 月。

20. 《荀子集釋》，李滌生著，臺灣學生書局，民國 83 年 10 月七版。

21. 《道家的直覺與現代精神》，那薇著，中國社會出版社，1994 年 1 月第一版。

22. 《莊子淺說》，陳啓天著，中華，民國 60 年 7 月初版。

23. 《莊子纂箋》，錢穆著，三民書局，民國 70 年 3 月三版。

24. 《莊老通辨》，錢穆著，東大，民國 80 年 12 月初版。

25. 《莊學研究》，崔大華著，人民出版社，1992 年 11 月初版。

26. 《莊學管闚》，王叔岷著，台北：藝文印書館，民國 67 年 3 月。

27. 《莊子讀本》，黃錦鋐著，三民書局，民國 78 年 10 月九版。

28. 《莊學蠡測》，劉光義著，學生，民國 75 年 5 月初版。

29. 《華夏美學》，李澤厚著，香港：三聯書局，1988 年 10 月。

30. 《瑜伽・神修・禪觀》，李開濟著，文津出版社，1997 年 10 月初版。

31. 《道家文化與現化文明》，葛榮晉主編，中國人民大學出版社，1991 年 4 月第一版。

32. 《論語新解》，錢穆著，三民書局，民國 67 年 10 月第四版。

33. 《禪源諸詮集都序》，宗密編，佛光出版社，民國 85 年初版。

34. 《韓非子校釋》，陳啓天著，商務印書館，1994 年 11 月。

三、單篇論文

1. 〈孟子「氣」字的研究〉，李志勇著，《鵝湖月刊》，第十五卷，第八期，總號一七六。

2. 〈孟子知言養氣章研究〉，周群振著，《民主評論》，第十三卷，第 20 期。

3. 〈孟子知言養氣章試釋〉，徐復觀著，《民主評論》，第十卷，第 9 期。

4. 〈孟子知言養氣章研究〉，周群振著，《民主評論》，第十三卷，第 19 期。

5. 〈荀子解蔽篇新詮〉，王慶光著，《中興大學中文學報》，第二期，1989 年 1 月。

6. 〈荀學一個側面氣的初步摹寫〉，朱曉海著，收錄於《中國古代思想中的氣論及身體觀》，巨流圖書，民國 83 年 3 月。

7. 〈莊子之生死觀〉，周紹賢著，《建設雜誌》，第八卷，第四期。

8. 〈莊子言道言氣對宋明儒理氣說的影響〉，陳忠成著，《孔孟月刊》，第十八卷，第三期。

9. 〈莊子的養生觀念〉，蔡明田著，《大陸雜誌》，第七十一卷，第五期。

10. 〈莊子哲學的「陰陽」概念〉，葉海煙著，《文史哲學報》，四十五期，民國 85 年 12 月。

11. 〈莊子養生主理論過程之探討〉，陳文章著，《鵝湖月刊》，第三卷，第 7 期，民國 67 年 1 月。

12. 〈莊子養生理論過程之探討〉，陳文章著，《鵝湖月刊》，第四卷，第八期，民國 67 年 8 月。

13. 〈論孟子之不動心與養氣〉，陳拱著，《東海學報》，第五卷一期。

14. 〈論莊子與嵇康的養生論〉，高柏園著，《鵝湖月刊》，第十五卷，第四期。

15. 〈養生主微義辨〉，羅聯絡著，《大陸雜誌》，第十四卷，第二期。

附錄一：書　游汝杰氏〈吳語的音韻特徵〉一文 後

　　上海復旦大學之游汝杰教授，以其母語——吳語為研究主題，撰述〈吳語的音韻特徵〉一文，他將大約七十年來研究吳語方言的成果、作一番簡要的整理，歸納出趙元任、詹伯慧與張琨等三位先生，從 1928 年開始直到 1985 年之間的研究發現，再加上官方機構大量投入人力與物力，由中國社會科學院與澳洲合作完成的《中國語言地圖集》等豐碩成果。

　　在這段研究歷史的呈現上，不難看出游氏認為趙元任先生的研究、具有最早的權威地位，因為趙元任先生在 1928 年所發表的《現代吳語的研究》之英文序論與第四章〈聲韻調總討論〉、〈調查說明〉等文章裏，提到了吳語有十三項特徵。這十三項特徵多數為後來的研究者所承襲、沿用，例如詹伯慧先生、張琨先生與《中國語言地圖集》一書，都同樣主張吳語「保存了古濁音」、「咸山韻尾失落」、「四聲各分陰陽」、「入聲收喉塞尾」等特徵。詹伯慧先生又吸收了趙氏「日微文白讀」、「單元音多」、「鼻韻尾只有一個」等說法；張琨先生則多採用了趙氏「見曉齊撮顎化」、「知照讀舌尖音」等說法；《中國語言地圖集》一書承襲了趙氏「鳥字讀端母」、「打字讀德冷切」等說。

　　除了承襲前說之外，詹伯慧先生等各家又別有發現、自有新說，比方詹伯慧先生認為吳語「不分平捲舌」；張琨先生主張「合口介音消失」；《中國語言地圖集》一書主張「疑母讀鼻音」、「鼻音成音節」、「蟹攝二等無-i 尾」、「咸山見系一二等異韻」、「梗攝二等白讀音」等。總而言之，趙氏、詹氏、張氏與《中國語言地圖集》等四家，共同或分別提出了吳語的二十二項音韻特徵，在聲母、韻母、聲調與其他特色上，建立了研究的前創之功，展現出承繼前說又開創新發現的研究規律，這也是後輩學者應當用心學習的研究功夫。

游汝傑先生列敘了四家的研究發現之後，並逐一特徵加以辨證，企圖找出這些說法在吳語內部是否有一致性可言，若與其他方言比較又是否有其特殊性。論及「保存古濁音」的說法時，游氏認為閩語中也有這種現象；而且雖然保存幫滂並、端透定、見溪群等三級分法，但有的吳語卻沒有濁音；邊界地區有的方言濁音已經向非濁音轉化，或正在轉化中；吳語的太湖片所謂「濁音」只是帶濁流的清音，因此前人所說「保存古濁音」的說法，並不準確〔註1〕。

游汝傑先生認為吳語中「清音濁流」的現象，比較典型的出現在太湖片方言中，然而這是語音學的問題，並不是音韻學問題，故不宜列為音韻特徵。吳語的塞音讀法類似於法語（「塞音法文派」之說）的聲音，聽起來緊而硬，但這也是語音學的問題，也不宜列為音韻特徵，在區分吳語方言的特徵時，這兩則已經被劃分出音韻學的範圍之外了。論及「日微文白讀」此特徵時，他主張「問、未、日、兒」等字都有文白異讀的現象，就吳語內部而言，除了宣州片大致如此之外，湘語、徽語跟閩南語的微母也有文白異讀的特徵，湘語、贛語和閩北方言的日母字也有文白異讀特徵，所以「日微文白讀」不是吳語統一而特有的現象，其他方言也有。論「疑母讀鼻音」之說，他發現吳語的宣州片大致如此，但是也見於贛語、客語、粵語、徽語、閩東、閩北等方言中。

游氏認為精組與知照組聲母今音合流，不分平舌音與翹舌音的音變規律，可見於官話之外的所有漢語方言，故非吳語所特有現象。見組與曉組在三四等韻前面讀音分成三類：一是顎化、二是舌尖化（甌江片）、三是保留切韻的舌根音和喉音聲母，但顎化讀音也可見於官話、湘語、贛語、徽語和晉語中；舌尖化讀音也見於江淮官話；保留舌根音的現象，亦可見於客語、粵語、閩語中，保留喉音聲母、則客話亦然，因此這三類讀音變化也不能算吳語的特有現象。又古泥、來兩母今之音有別，但是吳語宣州片在宏音前有別、細音之前則無別，閩語、粵語、晉語、徽語、官話（江淮與西南官話除外）皆如此。

論及韻母之特徵時，游氏認為灰、咍、豪、肴、侯等五韻，在中古都是雙元音，今之吳語只有太湖片與台州片都變成單元音，婺州片皆讀為雙元音，

〔註1〕 游汝傑先生在《漢語方言學導論》一書曾說：「從方言地圖上看，也可知全濁聲母只殘留在這些交通不便的少數地點（贛北的玉山、廣豐、上饒，鄱陽湖北岸的湖口、星子、都昌及武寧，湖北東南角的蒲圻、崇陽、通城，湖南東北角的臨湘與岳陽）」。上海教育出版社，2000 年 6 月第二版第一刷，頁86～88。

衢州片則哈、豪、肴三韻變成單音節，溫州片中只有哈、豪二韻變成單音節，宣州片中只有豪、肴二韻變成單音節。而今音部分或全部變成單音節的現象，也普遍見於非吳語的方言裏，如老湘語這五個韻都變成單元音，合肥官話中只有侯韻仍讀雙元音，閩語之閩東片只有灰、侯二韻仍讀雙元音，閩語之閩北片只有豪、肴二韻仍讀雙元音，徽語的休寧話全部讀成單元音。

　　就合口介音消失的現象來說，吳語的方言除杭州之外，合口介音都已消失，仍然保存的有太湖片的杭州、分水、餘杭，與麗衢片的龍游、宣州片等。但是非吳語方言的合口介音消失現象，也十分普遍，如湘語、粵語、閩語（閩北）都全部消失，官話、徽語跟客語則是部份消失。論「歌韻高化」時，游氏認爲這也是漢語各大方言的普遍現象，只不過在吳語跟老湘語中變得更高，同時吳語跟老湘語還同有「麻韻高化」的現象。就「咸、山韻尾失落」的現象來看，吳語的演變分成三種現象：一是保留韻尾，二是韻母鼻化、韻尾失落，三是韻尾失落、韻母也不鼻化，第一種現象也出現在北京官話、贛語、客話、粵語、閩語中，第二種情形復見於江淮官話、北方官話、中原官話與湘語中，第三種現象晉語跟徽語也有，所以這也不獨屬於吳語方言。

　　游汝傑先生主張吳語方言除宣州片以外，蟹攝二等皆無-i 韻尾，江淮官話、北方官話、中原官話、老湘語、閩南話、徽語也是。又吳語內部一致性地在咸、山見系一等與二等的白讀宏音有不同韻，贛語、粵語、閩東及閩北方言也是如此。吳語內部與西南官話、江淮官話、湘語、客話、閩北與閩東方言也同樣都只有一個鼻韻尾。「四聲各分陰陽」的現象不只吳語如此，贛語（如南昌）、粵語（如廣州）、閩南語（如廈門）、閩北話（如福州）等方言也一樣。論「入聲帶喉塞尾」現象，晉語跟江淮官話也一樣，而新湘語則有入聲、但不帶喉塞尾，如吳語的甌江片。論「鳥字白讀聲母讀如端母」一說，吳語之外、各大方言幾乎都有此現象（閩語跟晉語沒有）。最後，只有「打字讀德冷切」，是吳語以外的方言不曾見過的讀音。

　　游汝傑先生綜歸所論，發現前人所說的二十二項特徵裏，只有八項是吳語各片統一共有的特點，這八個在吳語內部具有一致性的特點爲：保存古濁音、鼻音成音節、知照讀舌尖音、咸山見系一二等異韻、鼻韻尾只有一個、四聲各分陰陽、鳥字讀端母、打字讀德冷切。其他十四項特徵，至少有一個方言片不具備統一特點，而且不管是否爲吳語的一致性特點，其他方言也多有相同的聲、韻、調現象，因此，游汝傑先生在結論部分，只標舉了兩條各

片吳語公有、同時又是鄰近方言所沒有的特徵，一是中古幫滂並、端透定、見溪群今音有三級分法，即今之吳語的塞音與塞擦音，不僅有送不送氣的差異，而且有清濁的差異；二是打字讀德冷切，合乎梗攝二等的歷史音變規律。

　　游氏逐條論述前人所提出的吳語音韻特徵，嚴格區分問題的範疇歸屬、分析吳語各片之間的音韻特徵的同異，並且以北京官話、中原官話、江淮官話、晉語、贛語、徽語、閩語、粵語、客語等方言來作對比，進一步確認出吳語獨特之處。這種條分縷述的寫法、極爲清楚明瞭，又可以讓讀者感受到游汝傑先生在研究同一問題時，不囿於前輩成說的識見；他對吳語方言本身，清晰與簡扼的說明、舉例，展現出一種以母語做爲研究對象的最大優勢，熟悉度越高、分析與辯駁就會越精確；他藉由各種漢語方言作比較的工作，證明了他自己在方言學上的造詣淵博，又突顯出吳語方言與其他漢語方言的同異之處，最後濃縮爲兩條獨有的特色，這個結論著實令人訝異。

　　這是一種極爲精細而嚴格標準的確立，顯示出游先生極力追求其異的努力。但是這樣的結果也不免啓人疑竇：若不是所有的方言片都有的特徵、就不能算吳語的特徵嗎？那多數區、片、點都有的特徵，怎麼不是吳語的特徵呢？依此嚴格意義來判斷，那麼吳語方言的特徵不是太稀少了嗎？一種流傳沿用了千百年的語言，怎麼可能只有兩個眞正的特徵呢？誠如瑞士籍索緒爾先生之說：「語言的任何部分都會產生變化，每個時期都相應的有或大或小的演化，這種演化在速度上和強度上可能有所不同，但是無損於原則本身」〔註2〕，因此，吳語的音韻原則不管是否各區、片、點都同時具有，甚或已經消失，也該如此看待。

　　閱讀游汝傑先生〈吳語的音韻特徵〉此文，予人極深刻的印象，因爲文章結構景然、條理分明，呈現出吳語方言簡要的研究史與名家學說，再一一增添自己的研究所得。這種書寫方式，正說明了研究工作一代又一代、層層累加的功夫，而今人總是不斷仰仗著前輩的基礎而增上，因此而研究功夫可以越來越精深，研究成果更可以越來越完整、明確。其次，游氏不只精通吳語、更廣研各地漢語方言，作一種共時〔註3〕的音韻特徵比較，恰如胡適之先

〔註2〕　此說參見費爾迪南・德・索緒爾之《普通語言學教程》，弘文館，1985 年 10 月初版，頁 189。

〔註3〕　此說參見，費爾迪南・德・索緒爾之《普通語言學教程》，弘文館，1985 年 10 月初版，頁 189。

生所言「學問猶如金字塔，要能博大、也能精深」，此爲博大學習之效驗，因此可以寬闊地作比對、不困限於吳語方言本身。其三，在前輩如雲的研究成果中，游氏獨屬兩則爲特徵，這種嚴格區分出來的標準雖然前有所承（趙元任先生亦如是說），但是下如此結論的，他算特出之例，相當引人側目。

　　然而，研究方言、各家有歧異說法是必然的現象，因爲每一個研究者未必使用了完全相同的書面與採集材料，所採集的語料不同、當然會形成不同的研究結論，而研究者本身對材料判讀的精準度當然更有影響。就吳語方言來說，它本身內部各區、片、點的不一致性很大，這是經過時間、歷史、地理、商業、民俗、文化〔註4〕、語言交接、栽培植物發展史〔註5〕等因素，長久交互影響所形成的許多特徵。即使這些特徵在其他各地漢語方言也有，這也是一種語言變遷的必然現象，因爲歷代移民既然是由北向南遷移、那麼語言的變遷也將受到雷同的影響，吳語方言所在的地域，據張琨先生《漢語方音》一書所錄，位於江蘇省宜興、無錫、靖江、蘇州、崑山、上海、松江、嘉定、海門，與浙江省杭州、吳興、嘉興、紹興、餘姚、寧波、溫州、金華、衢縣等地〔註6〕，又是北方人民南遷、聚集活動最頻繁的地方，這當然也會影響到吳語的發展。周振鶴與游汝傑先生所著《方言與中國文化》一書、第二章〈方言與移民的關係〉說：

　　　　今天的吳語區在歷史上是從北向南開發的。春秋戰國之際漢人的活動
　　　　中心僅在今蘇州、無錫附近（吳國）和紹興、諸暨一帶（越國）。秦
　　　　漢時期浙北、蘇南漸次得到開發。三國西晉以後始將開發範圍推向浙
　　　　南，唐代以後擴展到浙西南及邊境地區，吳方言也就相應由北向南擴
　　　　散。………，發展到了後來，進到浙南的移民後代的方言跟出發地的
　　　　方言竟至互相不能通話。從現代吳語來看，從北到南在地理上有一個
　　　　漸變的過程，這在辭彙、語法、語音上都有所表現」〔註7〕。

〔註4〕郭錦桴先生《漢語與中國傳統文化》一書中，論述漢語跟傳統價值觀、佛教
　　　　文化、交際文化、地域文化、中外文化交流與宗族文化等關係，中國人民大
　　　　學出版社，1993 年 6 月一版一刷。
〔註5〕此說參見周振鶴、游汝傑所著《方言與中國文化》一書，南天書局，1990 年
　　　　10 月台一版，頁 111。
〔註6〕參見張琨先生之《漢語方音》學生書局，1993 年 9 月初版，頁 17。
〔註7〕此說參見，周振鶴、游汝傑所著《方言與中國文化》一書，南天書局，1990
　　　　年 10 月台一版，頁 31～32。

因爲不斷融合與再演變之後，而吳語方言受到其他方言的影響，又與各地方言有相同的音韻特徵，這更是應然的歷史現象。張琨先生之《漢語方音》曾說：「方言分類的基礎是從某些地域相連的方言中找出一些音韻上共同的特徵，爲某種方言下定義要靠多種音韻特徵的結合，不能只用一個音韻特徵」〔註8〕，游汝傑先生所說的兩則特徵，雖然正是吳語之所以爲吳語的特殊原因，但不應該是唯一特徵與原因，因爲沒有一個方言可以獨生自演、而特出於其他漢語方言之外，必定都是會互相影響的。所以，若將審定吳語方言特徵的標準放寬，吸納前輩們的學說、再輔以更完善的說明與研究，會是比較寬廣而完整的結論。

游汝傑先生提到 1985 年左右，中共官方機構大量投入人力、物力，由中國社會科學院與澳洲合作完成了一部《中國語言地圖集》。張琨先生認爲「自從中國社會科學院完成了中國方言地圖集以後，漢語方言的分區應該算是告了一個段落」〔註9〕。方言地圖不但可以爲研究方言的分區提供直接的依據，而且可以爲我們研究方言分區與地理環境（山川形勢、交通條件）、歷史沿革（人口流動、行政區劃）的關係提供重要的線索〔註10〕。這部作品卷秩浩繁、極有參考的價值，比起個人研究而言，這樣的成果將會廣博而精細得多。因爲藉由國家資源的投入，各種方言語料的蒐集與採錄會更加豐富，對研究工作者而言是絕佳的條件，可以心無旁鶩地完成研究。這種現象呈現出中共在學術研究方面，急起直追、特意支持的政策，他們的學術研究環境，有了官方支持之後、成果豐碩，在全球漢學界裏已經佔有一席之地，看他們這幾年來紛紛舉辦世界性的學術研討會、積極參與國際會議，與各國人才合作研究語言、宗教、文學、歷史、地理等漢學學術，可見端倪。

中國大陸的研究競爭力正在茁壯，一方面源自於官方的支持，更大部分原因在於中國知識份子對漢學研究的覺醒，當然因爲目前經濟快速發展的需求所致，研究科技數理等應用學科的人才很多，但是現今的中國讀書人已經不再當漢學爲老舊廢物了，反而積極正視並鼓勵百姓投入研究與學習。朋友

〔註8〕 參見張琨先生之《漢語方音》學生書局，1993 年 9 月初版，頁 205。

〔註9〕 書頁皆同註6。

〔註10〕 此說參見詹伯慧先生主編之《漢語方言及方言調查》一書，湖北教育出版社，2004 年 7 月第二版第二刷，頁 325。

曾說在廈門現今的影視節目中，固定有節目在解說四書的思想，這是文革數十年之後，中國再次重視儒家思想與傳統文化的開端，同時也可以看出社會教育體系裏再度納入了傳統漢學，雖然目前還只是當作知識學問來研究，假以時日、當學問再度內化成爲生活的依歸，恢復禮儀之邦的素質之後，學術研究的成果將會更加豐碩，當然也可以再起移風易俗的作用。有鑑於此，除了欽羨他人的前景之外，最重要的還在於當一個研究者的自覺與準備，應該廣博而淵深地學習與精進，才能確立個人學養，將來才能像前輩們一樣有獨到的見解、可以分享。

　　游汝傑先生的結論出人意外地精簡，反映他嚴格的學術判別標準，但是若趙元任先生、詹伯慧先生、張琨先生與集中外精英之力完成的《中國語言地圖集》等，這些專家的說法也不能夠漠視不管，因此，書寫時的技巧眞該多費思量，否則多麼容易讓人誤解哪！又如張琨先生在《漢語方音》一書裏，詳細敘錄吳語方言鼻音韻尾部分或全部消失的地點〔註 11〕、方言材料的書目〔註 12〕等，這些都是相當值得後學參考的材料與成果，更無論趙元任先生與詹伯慧先生等學者的前驅之功，不能一刀劈之、視如無物。因此行文成書也該溫柔敦厚、處處周到，在破前人說法、創立自我見述之時，避免刻露張揚的躁性、持守中庸之道。

　　若是懂得方言、而從事方言學的研究，實在是相輔相成的優勢，以自己的母語爲主題更是如此。而採集方言的前置作業，不就像司馬遷在完成《史記》一書之前，遊歷天下、遍歷九州，以收集遺聞軼事的基礎工作嗎？古人云：「讀萬卷書，行萬里路」，在眞實的環境裡學習、見聞將會更豐富而眞實，當然也會有更多意外的收穫與靈感觸發。就像李如龍先生在《漢語方言學》一書中，說他親自去蒲田、潮州、雷州與海南島等地作田野調查，採集到許多一手資料、強化了他的學說論點一樣〔註 13〕。所以，方言學也該是一門綜合了休閒旅遊、文化尋根與學術研究的學科，埋首案牘之餘、還能踏遍青山綠水，這樣的研究工作豈能不令人逍遙、快樂，終生不疲呢？

　　此外，漢語方言學的學識能力，對明清小說的研究更有奇特功效。《方言

〔註 11〕 參見張琨先生之《漢語方音》學生書局，1993 年 9 月初版，頁 17。

〔註 12〕 參見張琨先生之《漢語方音》學生書局，1993 年 9 月初版，頁 18～20；195～196。

〔註 13〕 參見李如龍《漢語方言學》，高等教育出版社，2005 年 10 月第四次印刷，頁158。

與中國文化》一書第七章〈方言和戲曲與小說〉一文說：

> 在清末之前純粹用方言來寫作的小說並不多見，其中影響較大的有
> 用北京話寫的文康的《兒女英雄傳》、石玉崑的《七俠五義》，用揚
> 州話寫的有鄒必顯的《飛駝子傳》，用蘇州話寫的有韓子雲的《海
> 上花列傳》和張春帆的《九尾龜》（限於對白），用北部吳語寫的有
> 張南莊的《何典》等。
>
> 最值得我們注意的小說當然是《紅樓夢》、《水滸傳》和《金瓶梅》
> 這三部巨著中的方言成分及其有關問題。
>
> 《紅樓夢》一般認爲是用北方話寫的。北方話的範圍很大，內部又
> 有次方言的劃分。………近來有人〔註14〕提出《紅樓夢》中有不
> 少南京、揚州一帶下江官話的語音、詞彙、語法成分，…………
> 《水滸傳》一般認爲是用山東方言寫的，近來有人〔註15〕指出現
> 在所見的《水滸傳》中有不少吳語方言成分。………《金瓶梅》
> 一般人也認爲是用山東方言寫的。關於這部巨著的作者及其生平事
> 蹟異見歧出，並未最後定論。《金瓶梅》中使用了大量的山東方言
> 成分，這是不容否定的事實。因此一般人認爲作者是山東人的可能
> 性極大。但是這本小說中也夾雜少量吳方言的辭彙〔註16〕。」

因此，方言學足以成爲明清小說研究的重要輔助工具，讓相關研究成果更週
嚴，又豐富了研究方法；而明清小說正好爲各地漢語方言辭彙，收集了可觀
的文字語料，拓展了方言學研究的內容，並且從這些長期流傳於民間的作品，
與當時的方言現象研究、作一個客觀比對，讓宋、元、明、清時代的方言研
究有更多參考資料。這種揉合了小學與文學的研究方法，將會讓研究成果倍
增說服力與可靠性，讓研究工作更得心應手。誠爲如虎添翼之美也！

參考書目

1. 費爾迪南・德・索緒爾，《普通語言學教程》，弘文館，1985 年 10 月初版。

〔註14〕 王世華〈紅樓夢語言的地方色彩〉，《紅樓夢學刊》1984 年（轉引自周振鶴與
游汝傑的《方言與中國文化》一書，頁 184）。
〔註15〕 胡竹安，〈《水滸全傳》所見現代吳語辭彙試析〉，將刊於《吳語論叢》第一輯，
上海教育出版社（轉引自周振鶴與游汝傑的《方言與中國文化》一書，頁 186）。
〔註16〕 參見周振鶴、游汝傑所著《方言與中國文化》一書，南天書局，1990 年 10
月台一版，頁 184～190。

2. 周振鶴、游汝傑，《方言與中國文化》，南天書局，1990 年 10 月台一版。

3. 郭錦桴先生，《漢語與中國傳統文化》，中國人民大學出版社，1993 年 6 月一版一刷。

4. 張琨，《漢語方音》，學生書局， 1993 年 9 月初版。

5. 游汝傑先生，《漢語方言學導論》，上海教育出版社，2000 年 6 月第二版第一刷。

6. 詹伯慧主編，《漢語方言及方言調查》，湖北教育出版社，2004 年 7 月第二版第二刷。

7. 李如龍《漢語方言學》 高等教育出版社 2005 年 10 月第四次印刷。

附錄二　淺談日語殘留於台灣方言之印象

前　言

　　台灣位居中國大陸領土海疆、花綵狀列島的中心點，自古以來就是交通要道。就地質上的變遷遺跡來看，台灣的史前文化分為七層：繩紋陶器文化層、網紋陶器文化層、黑陶文化層、有段石斧文化層、原東山文化層、巨石文化、層菲律賓文化層，前四層來自中國、後三層接近南洋，第七層約在第六到第九世紀之間形成，此時台灣應該已經進入歷史時代。據傳說之言，至少在第十二世紀時已有中國華北人士意外到達台灣定居。史前時代的台灣在亞洲大陸形成之時，跟中國大陸原來是連體的，而台灣東海岸才算是歐亞大陸的邊緣，因為台灣的地殼大部分與中國同屬於歐亞板塊東緣的單位，呈現大陸性格；狹長形的台東海岸山脈，縱谷以西是歐亞板塊、以東是太平洋板塊附署的菲律賓副板塊，故呈現大陸與海洋的中間性格。當太平洋板塊向西活動，受到歐亞板塊的阻擋、轉入地殼內，就使得原本不在台灣的台東海岸寄舶在台灣的東側。〔註1〕

　　後來距今約五百萬年開始，到第四季冰河期（一萬八千年到六千年前）之間，台灣的地史歷經頻繁的火山活動，生物大量繁殖，魚類、陸生動物、爬蟲類、昆蟲類、哺乳類、恐龍、兩棲類、鳥類、人類與猿類分枝等演化，最後台灣海峽形成，變成今日的地形。在地形與物種上，六千年前的台灣與中國大陸的關係是極為密切的，有人主張台灣就是《尚書・夏書》〈禹貢篇〉

〔註 1〕　此段說明參見，葉振輝《台灣開發史》，臺原出版社，1999 年 6 月初版四刷，頁 13〜14。

所說的「島夷」；有人說大禹治水期間曾與軍士們一同被漂到台灣、滯留三年，故教導台灣的「三苗」作陶器與其他文物；又說據《列子》〈湯問篇〉之言，商代的台灣名爲「岱嶼」、「員嶠」；據《山海經》〈海內南經〉之言，或謂周代稱台灣爲「彫題國」（郭璞註稱：「其國爲鮫人，其面點涅畫體爲鱗采」）；證諸《史記》〈秦始皇本紀〉，秦代稱台灣爲「瀛洲」；根據西漢的《漢書》〈地理志〉記載，台灣被稱爲「東鯷」；《三國志》〈孫權傳〉記載台灣名爲「夷州」；《隋書》〈流求國傳〉中記載台灣名爲「流求」；宋代時澎湖已經歸屬於福建省，稱台灣爲「毗舍邪」；明代嘉靖年之前稱台灣爲「東番」，嘉靖年之後才改稱「台灣」；至於台灣被中國併入行政區域，以元代爲最早。〔註2〕

　　由地質現象與信史資料綜合來看，台灣與中國大陸一直都有不可分割的地理與歷史關係，加上多次爲了經濟需求、政權轉移、戰亂求生等因素，從大陸遷移進大批的各省軍民，隨著多次大移民的現象，很早就遷來台的原住民與新移民一再接觸，透過通商貿易、婚嫁混血、混居雜處等方式，進行了源源不斷的種族、語言與文化融合。直到西元1624年，荷蘭人開始入主台灣本島，到西元1650年轄有台灣三百十五個番社，分成北部、南部、東部與淡水四區來治理，〔註3〕於是荷蘭人的語言、文化與血統，開始混同入台灣社會，豐富了台灣的文化特色。接著西元1662年2月，鄭成功驅逐了荷蘭人之後，台灣又再度回歸正統漢人的統治之下，經過鄭氏王朝的積極開拓、經營建設，台灣遂成爲明朝抗戰的基地。在西元1683年，台灣被納入清朝的版圖，有感於台灣戰略地位的重要，清廷更積極建設台灣、規劃了更詳細的行政統治體系。〔註4〕

　　但目前對台灣影響最大的，則是西元1895年、清廷與日本所簽訂的馬關條約，條約中割讓了台灣島，於是展開了所謂的「日治時期」，一直到1945年、日本在二次世界大戰中落敗投降爲止，爲時五十年的統治、深深影響了目前的台灣方言與文化。一方面是因爲日本的統治距離現今的學人而言，時間並不久遠，曾經風行一時的日本語言與文化，還殘留在台灣生活的各項內容裏；另一方面是因爲日本曾經極有規劃與系統地要改造台灣成爲日本國土，讓台灣人也轉變爲「日本皇民」。西元1895年到1926年之間，日本在台

〔註2〕台灣的歷史舊名猶未有確然定論，此說參見葉振輝書，頁29～31。
〔註3〕書同註1，頁32。
〔註4〕書同註1，頁32～37。

灣舉行了九次大改革，析置或合併行政區域、便於管理與統治；1926 年到 1945
年之間，台灣因爲日本的關係，陷入二次大戰的烽火圈中，1945 年之後收歸
中國所有，才又有五次大幅度的政治變革。〔註5〕

　　不管中國歷代在台灣的建設與影響如何，一層又一層的漢文化積累，使
人們已經完全悠遊於漢文化的洗禮、習以爲常而不覺驚奇。但是，日本語言
與文化殘留在台灣社會的方言與文化生活裏，卻是個不容忽視的現象，筆者
發現：許多人習以爲常的方言，融合有許多日語的辭彙跟語音，代代相傳、
時時使用的結果，人們已經忘了語源爲何。直到近十年來、隨著現代海峽兩
岸的開放與交流，與福建省閩南地區的語言跟文化稍作接觸，才乍然發現：
台灣人其實很「日本化」，而台灣的生活、文化與藝術等等，更有一種濃郁的
「東洋味」，這就變成跟閩南居民接觸時的特殊對比與感觸。姑以此短文淺論
日語殘留於台灣方言的印象，並及於文化殘留的觀察所得。

一、台灣方言之定義

　　所謂台灣方言，廣義的說、要包含原住民語、閩南語跟客語，原住民語
是指台灣平埔族與高山族的語言，有些平埔族已經完全歸化爲漢人，與漢族
大量通婚混血，所以長相幾乎區分不出來了，比方噶瑪蘭族、西拉亞族、馬
卡道族等。所以，平埔族的語言跟生活文化也融攝入台灣漢人的語言文化裏，
例如歷史學家伊能嘉矩考證：「臺員」、「臺灣」之名是源自於西拉亞族稱呼漢
人之名。〔註6〕所以，原住民中只有高山族的語言文化明顯與平地人不同，居
住環境也有明確的區分。然而現在隨著繁華城市的吸引力增加，高山族也漸
漸有進城市定居的改變，而她們進入城市之後、使用國語的機會增加了許多，
與一般人不再有太大的隔閡。

　　客語指的是唐末以來、南遷至閩南地區的西部與西南部，大量保存了唐
代中原文化的語言，明清之後、客語也隨著漢文化播遷來台灣，目前多數的
客家族群集居在新竹、苗栗、桃園、屏東等地，散居在各地者不計其數，與
台灣的原住民跟閩南人、甚至各省籍的人混居共處。雖然年輕一輩的客家人
若不是不懂得說客語，就是採行雙語、以台灣目前的國語爲主要溝通語言，

〔註 5〕書同註 1，頁 37～41。
〔註 6〕參見洪惟仁先生，《回歸鄉土　回歸傳統》一書，自立晚報社，1986 年 11 月
　　　　版，頁 66。

　　但是老一輩的客家人依然將傳統語言保存得很完善，在家庭中頻繁使用。還有些住在荒僻山村的人甚至只會說客語，不懂得閩南語跟國語。

　　此處所說的閩南語，其實是福建省居民遷來台之後，由泉州府與漳州府的兩大股移民勢力，他們的個別語言所融合而成的。今日、中國大陸所謂的閩南語指的是廈門話，因為廈門位處泉州與漳州之間，透過地利與貿易之便、會合了閩南地區的方音特點。但是泉漳混合成的方言到台灣之後，經過幾百年的客語與原住民語滲雜，加上原來台灣曾經存在過的荷蘭語文〔註7〕等混合影響，已經不再是原本的閩南方言風貌。所以今日台灣的閩南方言，豐富而多變、融攝了存在於台灣各種語言的特點，有人稱之為「河洛話」或「鶴佬話」，〔註8〕姑且名之為「鶴佬話」。比之於廈門方言，「鶴佬話」這種方言又多了許多日本語言、詞彙的影響，也正是這篇論文要討論的主題。

　　台灣的「鶴佬話」具有多種語言的特點，這跟台灣地區豐富的外來文化交會有莫大關係，因為台灣位居歐亞大陸與美洲大陸交接的重要地帶，是東西文化交會的接觸點，展現出一種「殖民地型」的混雜文化特色。而語言具有物理、生理、心理、信息、人文等多方面的屬性，涉及了很廣闊的範圍，〔註9〕這所有的屬性也都隸屬於人類文化的範圍，所以藉由語言、則文化得以傳遠流長；而文化更以語言作為代碼，展現了自方與他方文化根源上的不同思維與傳統。因此，方言的成長與文化的面貌有密不可分的關係，當自身文化滲透了許多來自於異文化的內容，方言也不可避免地會形成新的辭彙跟語音；同樣的，當方言的語音、語法、詞彙有了改變，這也能反證自身文化已經加入了特殊的影響。

　　台灣地區特有的泉漳口音混合方言，在融合的過程中歷經多次的流血武鬥，單就閩南百姓來看，不論其他客語、原住民族群或荷蘭等民族，從西元 1683 年到 1895 年這二百一十三年之間，台灣地區共發生了三十八次械鬥事件，其中、漳州人與泉州人的械鬥高達二十一次（閩客械鬥有九次），〔註10〕也可以說當時因為語言溝通的問題發生了三十次的械鬥事件。有鑑於方言的不同，會引

〔註7〕 Formosa ——美麗之島；Tankouij ——打狗（今高雄）；Cacam ——赤崁；Sinckan－新港；R"Pookan ——笨港（今北港）。書同註1，頁23，地圖之名所示。

〔註8〕 參見洪惟仁先生書，同註6，頁66～67。

〔註9〕 參見游汝杰，《中國文化語言學引論》，高等教育出版社，1993年4月初版一刷，頁14。

〔註10〕 參見洪惟仁先生書，同註6，頁81～83，蘇嫻雅，〈語言問題何不順其自然〉一文。

發不必要的誤會衝突，移居台灣的閩南居民遂逐漸琢磨出一種混合雙方方言特點的中間語言，即今日「鶴佬話」的前身。1895 年之後，由於強勢的帝國主義國家－日本，掌握了統治台灣的政權，大力推行日本語作為「國語」，又在泉漳混的閩南方言裏加入了大量的日本詞彙跟語音，所以在台灣的閩南語，已經變成一種「日本化」的閩南方言，與廈門方言有極大的不同。

二、日語和台灣方言（「鶴佬話」）的關係

　　西元 1895 到 1945 年之間，日本在台灣進行殖民統治，因此日本作為殖民主之國，擁有官方的種種特權，當然也具有語言與文化上的優勢；而台灣作為被殖民之國，其語言跟文化便處於劣勢，儘管人數眾多、抗爭不斷，但是日本為了便於統治台灣百姓，在 1895 年六月就著手推行「國語」運動。對於殖民主的日本國而言，「國語」就是日語，學習、使用日本語代表了一種在語言文化上臣服的重大意義，表示認同日本為祖國；直到 1945 年光復之後，台灣又再度推行另一波「國語」運動，在各個方言之外又統一規定、推行了改良之後的北平話，作為官方語言，〔註11〕才有今日台灣自己所謂的「國語」。所以日語進入台灣之後，一開始就具備統治者、高高在上的姿態，是重要的官方語言，而被殖民的台灣各地方言，都扮演著下屬的角色，所以各方言多半在本地人民之間私下使用，與日方官員交涉則非用日語不可。

　　西元 1895 年 5 月 21 日，台灣總督府（今日之總統府）民政局設立學務部，由知名的教育家伊澤修二（1851～1917）擔任部長，他建議日本在台灣的殖民教育以日語為中心，避免了一般台灣民眾不懂中國官話的問題。於是 7 月期間、學務部在台北北郊的芝山巖設立一所學堂，開始教授台灣人日語；1896 年 3 月，在台北設立了「國語學校」；到 1896 年底，全島已設立了十四個「國語傳習所」。無論「國語學校」或「國語傳習所」，最直接的目的都是推廣日語。後來真正使日語教育終能普及的是殖民地初等教育（小學教育）的實施：1898 年 7 月總督府頒布「台灣公學校令」，規定以地方經費設立六年制的公學校，取代「國語傳習所」。公學校供台灣子弟就讀，與日本人就讀的小學有嚴明區隔，有百分之七十的授課時間花在與日語相關的教學上，與「國

〔註11〕官方語言是高層官僚系統的共通語（lingua franca），目的在於溝通，多半會隨著統治官方的政策規定或民族語言而變遷。參見周婉窈，《海行兮的年代－日本殖民統治末期台灣史論集》，允晨文化實業股份有限公司，2004 年 1 月 10 日，初版二刷，頁 80。

語學校」的效能差異不大。不久之後，又規定台灣傳統的教育設施－「書房」，必須漸次增加日語跟算數等課程內容，於是到 1940 年時，剩下十七所台灣傳統的「書房」，日本的公學校已經取代了傳統漢學教育。〔註12〕

1930 年代，日本在中華大陸的侵略加劇，日本深感於必須加速同化台灣人成爲日本人，藉以減輕漢人爲主的台灣人懷有對中國的祖國觀念、成爲日本侵華的一大負擔，於是日本軍方要求台灣總督府加速台灣「皇民化」的腳步。「皇民化」的證明在於讓島上的每個人都能講日語，認同日本爲眞正的祖國，所以 1937 年開始，大量刪減公學校裏漢文課的內容，連報章雜誌的漢文欄都取消；4 月之後開始打壓使用本土語言，尤其是閩南語；8 月之後，若是公家機關的員工經過日語能力測試不合格，還可能遭到解雇的命運。1937 年 2 月之後，台北州〔註13〕開始有「國語家庭」〔註14〕的認定，不久後全台各州廳都仿行，到 1943 年台北州已經有 3448 戶「國語家庭」，台中州〔註15〕在 1940 年 2 月已經有 4907 戶「國語家庭」。後來，甚至有受高等教育的親屬只跟子女說日語，而其子女連本土方言都不會說的現象。

大規模而徹底的「皇民化運動」，還包含了禁講台語，如改「阿爸」稱呼爲「多桑」，說「再見」爲「沙喲那啦」；要求台灣人必須具備「日本精神」、效忠日本天皇，要求台灣人改姓名，如改「林」姓爲「大林」或「小林」；拆毀台灣傳統的廟宇，強制參拜日本神明，如日照大神、大巳貴命、北白川宮能久親王；禁演台灣傳統民間故事、忠孝節義思想內容的歌仔戲與布袋戲；徵調台灣人入戰場等。〔註16〕於是，透過這些全面性的政策規定，讓日本語言與文化、思想等，殖根於台灣百姓的生活裏，讓台灣百姓作了五十年日本國的屬民，時至今日、依然不能夠完全擺脫日本語文的殘留現象。

〔註12〕 參見周婉窈《海行兮的年代——日本殖民統治末期台灣史論集》一書，同註 11，頁 78～85。

〔註13〕 台北州：包含今之台北縣市、桃園、宜蘭等地區。書同註 11，首頁圖表。

〔註14〕 家庭中的成員如果都講日語，即可向官方提出認證申請，經調查委員會審查屬實後，會經過一向正式的認可儀式，成爲「國語家庭」。「國語家庭」有許多切身的利益可得，如小孩將享有「小學校共學許可」，能進日本人的小學就讀；享有中等學校入學許可的優先考量；政府各機關與社會公共團體優先錄用「國語家庭」的成員；優先取得各種營業執照等。書同註 11，頁 91～96。

〔註15〕 台中州：包含今之台中縣市、苗栗、彰化、雲林、嘉義、中央山脈中部段。書同註 11，首頁圖表。

〔註16〕 參見郭明亮、葉俊麟所著，《一九三○年代的臺灣》，博揚文化事業有限公司，2005 年 3 月初版二刷，頁 12，48～50。

　　日語以一種統治者的姿態，凌駕在台灣本土各方言之上，透過政策的輔助、成爲征服台灣的另一種有利武器。這一種透過語言達到馴服殖民地百姓的經驗，讓台灣的各族群強烈感受到政治規範的強大效力與影響，也是台灣地區第一次的「國語」經驗，讓台灣的各個族群第一次有了共通的語言。或許有人會說：「語言的統一、向來都是政治統治必須作的改變」，但是就中國文化自身而言，官方語言的統一，向來是經由科舉任官、貿易往來等誘因而緩慢達成的變化，也就是說人們會因爲參與考試或經濟需求的目的，去學習當時最通行、實用或強勢的語言，這都是自然而然隨著生活需求而有的轉化。但是，日本語言文化對中國文化而言的確是異族，而且它採用了一種強制規定與威脅利誘的方式，來改變台灣本土的語言生態，對於被統治的百姓來說，是一種民族自尊心的極大挫折，當然漸漸也會混淆了對祖國的認同心態，終而達到日本國要將台灣人變成日本國民的目的。

　　或許有人認爲中國在甲午戰爭落敗之後，將台灣割讓給日本作殖民地，就是不在乎台灣島的想法，因此台灣人當日本人並沒有什麼不對，所以反而會懷抱著濃厚的親日思想，畢竟日本國在台灣從事了極爲完善的建設工作，比方：從事新式科技與實業的相關教育〔註17〕、發展現代金融經濟〔註18〕、規劃公園綠地的城市計畫〔註19〕、整頓交通建設〔註20〕、改善醫療衛生資源〔註21〕、開

〔註17〕《台灣適用國語讀本初步》一書〈緒言〉曰「此書係教導本島學生國語，同時廣泛教授博物、地理、歷史，以及涉及物理、化學、天文等各種現象的知識，作爲學者進入實學的階梯」；課文包括電報、產業合作社、天氣預報、關於電的常識、農耕知識、製糖技術與現代醫療常識等內容。書同註11，頁235～249。

〔註18〕日本在台灣興辦了台灣銀行、台灣商工銀行（今之第一銀行）、華南銀行、嘉義銀行、彰化銀行等，還有日本銀行的台灣分行，如勸業銀行、三和銀行、大阪中立銀行等。書同註16，頁67。

〔註19〕規劃三線道、設置安全島；設置台北三街區：城內區（今中正區）、大稻埕（今大同區）和艋舺（今萬華區）；更改地名與規劃公園綠地（如台中公園、台南公園、屏東公園、太魯閣國立公園、大屯山國立公園、草山溫泉公園＝今之陽明山公園、新高山國立公園＝玉山）。書同註16，頁78～96。

〔註20〕分治公營鐵路（基隆到高雄的縱貫線、宜蘭線、平溪線、淡水線、台中線、集集線、屏東線、台東線），私營鐵路（爲開發糖業、煤礦與木材，而開放給日本私營會社興建的鐵路線，兼有載客功能，多集中在中南部地區），林業專用道路（阿里山線、太平山線、八仙山線）。還有四通八達的公路建設與頻繁的航海貨運業經營等。書同註16，頁98～108。

〔註21〕撲滅瘧疾、驅除鼠疫、提倡火葬、設立醫療院所、開放報考醫學校、提升分娩技術、關注精神病患等。書同註16，頁110～116。

發林業資源〔註22〕、改良農田水利〔註23〕、拓展漁產水產、興辦製糖工業與樟腦工業、引進新穎的學術思潮〔註24〕、創新各種藝術活動〔註25〕等等。這些事務都讓今日的台灣，在現代化腳步上快過同時期中國大陸的各省縣市，更難得的是日本將台灣整治成為治安極為良好的警察王國〔註26〕，讓民風淳樸、安定。所以，至今日仍然有不少耆老懷念著日治時代的善良風氣與穩定生活，但是礙於現今敏感的政治意識，絕少再提及日治時代的美好回憶與今日社會亂象之別。

　　但是這一切有利的建設與規劃，仍替代不了在台灣發展千百年的中華傳統文化，也無法斬斷中國在台灣所紮的深根。因此，日本語言與文化變成台灣人民迥異於大陸福建省居民的學習內容，一代又一代之後，也漸漸形成兩岸閩地在文化上有繁複與單純的不同面貌，而日本語言也慢慢滲透、銷溶進台灣的「鶴佬話」中，成為台灣閩南語的特色之一，而台灣居民在使用閩南話或說「鶴佬話」之時，已經習慣了兼用日語詞彙或語音而不自覺。對照了今日廈門一地方言之後，才能發現這種特點，而這些特點正襯托出台灣地區受到外來文化的強大影響，自己在孤懸的海外形成了一種混雜而多變的被殖民地文化特色。

三、日語對台灣方言（「鶴佬話」）的影響

　　日語對於台灣的閩南話（「鶴佬話」）最顯著的影響，是語音跟詞彙上的改變與融入，有些大陸閩南地區詞彙的語音，台灣人民直接以日語代替，〔註27〕

〔註22〕劃分林地為國有地、公所地與日本資方的私有地；又將森林分為「經濟林」與「保安林」，開採樟腦、販售高價的紅檜木回日本等。書同註16，頁134～138。

〔註23〕改良稻米品質、興建水利灌溉設施：瑠公圳、桃園大圳、嘉南大圳、台南虎頭埤水庫、卑南大圳；開發日月潭水力發電廠等。書同註16，頁118～126。

〔註24〕改革宗教思想、歷史觀點、引進人類學研究（伊能嘉矩與鳥居龍藏等人）、引進醫學知識。書同註16，頁154～166。

〔註25〕舉凡戲劇、電影（引進西方電影與唱片製作）、美術（藍蔭鼎、陳澄波、李梅樹、楊三郎、李石樵等）、音樂（民謠創作如「望春風」、「雨夜花」、「白牡丹」、「滿山春色」等）各方面都卓有成就與創新。書同註16，頁168～176。

〔註26〕警察是總督府所有政策的第一線執行者，包括調查戶口、出入境的取締、搜查土匪、傳染病的預防、動員民眾大掃除、執行司法權、教化原住民、沒收獵槍、催繳租稅、取締抗日份子等，而且駐紮的警察密佈全台，因此有人稱台灣是「警察國家」。書同註16，頁32～36。

〔註27〕因為台灣人民所發的日語音與原地區不同，所以日本人又戲稱台灣人所說的日語為「台灣國語」。，書同註11，頁116～117。

這就是所謂的〝改變〞，也代表著分隔了五十多年之後，兩地各自不同的學習成果：福建的閩南地區沿襲著中國統語言文化而學習，台灣卻已經吸納了殖民主的日本語言文化，在原有的中國語文上有一番創新的面貌。所謂〝融入〞，指的是日語的融匯、帶來了許多源自於英語的日語外來詞，只不過以日語發音、離正統的標準英語還有一段距離，但是卻因此為台灣百姓轉介了許多西洋的新科技文明語彙跟常識，提升台灣地區的現代化腳步。

　　就筆者所知，台灣的閩南話（「鶴佬話」）受日語的強大影響，展現在各方面的語音跟詞彙中，尤其在人們的生活用語中最能鮮明反映出來，簡單分成食、衣、住、行、育、樂等幾個大類來觀察〔註28〕如下：

（一）食（包含西式、日式食物）

　1. 麵包：稱 pʰoŋ
　2. 奶油：稱 kʼu lin mu
　3. 烤地瓜：稱 iɑ kʼi i mo
　4. 蕃茄：稱 to ma to
　5. 蕃茄醬：稱 kʼi tɕia pʼu
　6. 壽司：稱 su çi
　7. 味噌：稱 mi so
　8. 生魚片：稱 sa si mi
　9. 芥末：稱 ua sa bi
　10. 便當：稱 pan toŋ
　11. 啤酒：稱 bi lu

（二）衣（包含簡單的日服器物）

　1. 領帶：稱 le ku tʰai
　2. 襯衫：稱 tɕia ts
　3. 西裝：稱 se bi lo
　4. 提袋：稱 kʰɑ baŋ
　5. 拖鞋：稱 slipa

〔註28〕語料來自於屏東縣內埔鄉與麟洛鄉、長治鄉交界地區，高齡八十歲以上、僻居鄉村的老農民，平日之生活用語。漢語的擬音藉由高誌駿與山口要兩位學者的協助方能完成。

6. 打火機：稱 lai ta

7. 水壺（日本漢字爲：水筒）：稱 sui to

（三）住

1. 壁櫥：稱 t'aŋ su

2. 榻榻米（藺草或稻草的地墊）：稱 t'a t'a mi

3. 醫院（病院）：稱 pẽ ĩ

（四）行（包含機械工業用語）

1. 卡車：稱 t'o la ku

2. 摩托車：稱 o to bai 或 en dziŋ

3. 後站：稱 au ia

4. 螺絲起子：稱 lo lai ba

5. 扳手：稱 pen tçi

6. 彈缸：稱 mo lin ku

7. 倒車：稱 ba ku

（五）育（包含各類教育用詞）

1. 氧氣：稱 soŋ sɔ

2. 醫師（先生）：稱 sen sẽ

3. 介紹（紹介）：稱 tçiau kai

4. 第一次（頭番）：稱 t'au xuan

5. 原住民（番仔）：稱 xuan nã

6. 大哥（一般江湖中人也稱爲〝老大〞的意思）：稱 a ni ki

（六）樂（包含各行各業用詞）

1. 服務：稱 sa bi su

2. 公司（會社）稱 xuei tçia

3. 情緒：稱 kî mo tçi

綜合來看，屏東鄉下地區的台灣閩南話（「鶴佬話」），受到上述日本詞彙跟語音的影響，直接以日語代替了原有的中國方言詞彙跟語音，而許多所借用的日文字詞也都是吸收自英美語的外來詞，所以這些源自日本的詞彙、在當時的語言現象中實屬新鮮內容，這些日本語音更是「皇民化」政策成功的象徵。因此台灣的閩南人，言詞中含融了許多日本語文特色，這也是今日的

台灣閩南語跟廈門閩南語最大的不同處。不過，這也是僅就筆者所熟悉環境的一隅來觀察，將來若能有更全面性的台灣地區閩南方言田野調查工作的輔助，相信會有更豐富而精確的研究成果。

除了語音跟詞彙的影響之外，日本語言與文化其實已經深入台灣各層面，包括人物的命名，如：名畫家與音樂家—楊三郎之名，男子以「雄」字命名或女子以「子」（ko）來命名；以日本地名來命台灣地名，如：美濃（mino）、岡山、旗山、高雄等；更改許多台灣地名、又沿用至今者，如：西門町、圓山（公園）、阿里山、民雄、旗後（后，即今旗津）等；更特別的是，各地還保留了不少代表日本文化的古蹟、遺物，如：武德殿do jo、神社jin ja、石燈籠seki to ro、鳥居torii等，台北縣的金瓜石、高雄市的鼓山區、高雄縣的旗山鎮等地方，至今還有相關的遺跡可尋。

日本音樂的文化殖民於台灣，也形成今日台灣地區的民謠與流行歌曲，卓有特殊風貌的特點。早期的台灣閩南語歌曲一直都帶著濃厚的「東洋味」，台灣民間百姓欣賞日本「演歌」是一種生活習慣，常常在喜慶宴會之前，就會聽見美空雲雀、吉幾三等人的歌曲；後來借用了日本曲調填閩南語歌詞，甚至將日本語詞放在歌詞裏，比方像文夏的作品「快樂的出帆」；繼而國語歌曲也借用日本曲調填製中文新詞，如鄧麗君所演唱的歌曲「今宵多珍重」、「我只在乎你」、「愛人」、「空港」，多是這種日本曲風的中文歌；時至今日、新一輩的流行音樂創作者，還是有向日本音樂借力的做法，比方：林佳儀所唱的「明天一個人的我依然會微笑」、劉若英所演唱的「後來」，這顯示出台灣的歌曲創作與日本音樂有十分親近的關係，而且這種音樂的交流、並沒有完全隨著日本政權統治的結束而中斷。幾十年來，台灣連音樂文化都受到日本的強大影響，而這種音樂文化的吸納，形成台灣地區與大陸福建地區迥異的音樂風格，今日福建地區的民眾、多數覺得台灣的閩南語歌曲十分動聽，也常常在學習演唱，殊不知這正是他們最排斥的日本、文化殖民了五十年所帶來的影響。

結　語

日本文化深入於台灣地區的文化中，影響了台灣地區居民的生活文化與思想概念，而日語已經深入台灣當地的閩南方言，讓台灣閩南方言與福建省的閩南語有顯著的不同。融合日語之後的台灣閩南方言，展現出一種新鮮而豐富的方言特色，比之廈門式的閩南語，台灣閩南方言的語音，因爲融攝了

多種語音特點，所以聽起來比較活潑、輕巧、清純、多變，詞彙也顯得比較優雅、細膩、豐富、新穎。而融合了日本文化之後的台灣文化，演變成一種認真積極的工作態度、注重養生的飲食習慣、謹守禮法、敬老尊賢的倫理思想等，這些都是現代大陸人對台灣人一直都很讚嘆的良好特質。就一個經常被殖民的地區而言，這些改變是很必然、也很有文化活力的。因此，真正的台灣語言文化是不能夠撇開各殖民主的影響而敷言者。

在當代的台灣政治新聞中，常聽評論者說要去「中國化」，卻沒聽說有人提倡去「日本化」，這不啻是一種源自於台灣居民內心深處的矛盾，是不是台灣人在內心深處比較認同於日本作為祖國與文化偶像呢？或者日本國對台灣的建設與利益，符合了台灣地區所要的進步呢？還是這些台灣人真的接受了「皇民化」的思維，不認為自己是中國漢族、已經是日本人呢？關於這些自我立場的思考，是那些操作政治議題的政治人物們首先該深切自省的。

歷史上長久以來的鎔舊鑄新、改變轉化，不是簡易的說要去除、就能一筆抹煞的舊痕，更何況去了「中國化」之後，台灣就只會是「台灣」嗎？果真如此，那是否要將不屬於台灣原住民的閩、客各籍人士驅趕回大陸地區呢？或者去了「中國化」之後，台灣會真的成為日本領地，就像琉球一樣呢？台灣人願意嗎？此外，若是也提倡去「日本化」，那麼台灣的語言與文化就不會這樣精釆豐富了。所以，去除何種文化的移植，其實都不是台灣人民生活中最重要的事，因為不管來統治的人是誰，台灣人民都在強權夾恃的細縫中，琢磨出了種種生存之道，對人民來說，安和樂利、幸福快樂才是重要的目標，執政者們應該銘記、作為施政參考，而不是挑動民族與文化仇恨跟對立，引起社會的動盪不安。在其位、當謀其政啊！

※特別感謝　高誌駿與山口要兩位學者，協助完成了漢語的擬音，
居功厥偉！

參考書目

1. 何鍇主編，《台灣——殖墾時代台灣攝影紀事》武陵出版有限公司，2003年二版三刷。

2. 矢內原忠雄著，周憲文譯《日本帝國主義下之台灣》海峽學術出版社，2002年1月二版。

3. 周婉窈，《海行兮的年代—日本殖民統治末期台灣史論集》，允晨文化實業股份有限公司，2004年1月10日，初版二刷。

4. 林呈蓉,《近代國家的摸索與覺醒——日本與台灣文明開化的進程》,台北市:吳三連台灣史料基金會,2005 年 12 月初版。

5. 洪惟仁先生,《回歸鄉土,回歸傳統》一書,自立晚報社,1986,年 11 月版。

6. 紀田順一郎著,廖爲智譯,《日本現代化物語》,一方出版社,2002 年初版。

7. 郭明亮、葉俊麟所著,《一九三○年代的臺灣》,博揚文化事業有限公司,2005 年 3 月初版二刷。

8. 葉振輝,《台灣開發史》,臺原出版社,1999 年 6 月初版四刷。

9. 游汝杰,《中國文化語言學引論》,高等教育出版社,1993 年 4 月初版一刷。

10. 藤井志津枝,《日治時期台灣總督府理藩政策》,文英堂出版社,2001 年 10 月二版一刷。